Würde-Bücher

Udo Baer/Waltraut Barnowski-Geiser

BAND I

Innenwelten hyperaktiver Kinder

Damit Eltern und Erziehende verstehen, wie Kinder mit „ADS/ADHS“ sich und ihre Welt erleben

Affenkönig

Baer, Udo; Barnowski-Geiser, Waltraut:
Innenwelten hyperaktiver Kinder
Neukirchen-Vluyn
Affenkönig, 2005
ISBN 3-934933-16-5

Lektorat: Verena Eßmann
Umschlaggestaltung: Sabine Bremer
Satz und Gestaltung: Sabine Bremer
Druck und Bindung: Clausen & Bosse, Leck
Printed in Germany

Die AutorInnen

Waltraut Barnowski-Geiser, Erkelenz, Jg. 1958
Musiktherapeutin, Kreative Gestalt- und Leibtherapeutin, Heilpraktikerin für Psychotherapie, arbeitet heute als Schultherapeutin und Beratungslehrerin in einer Gesamtschule, ist Supervisorin und Lehrtherapeutin in freier Praxis und leitet an der Zukunftswerkstatt *therapie kreativ* Ausbildungsgruppen im Bereich Musiksoziotherapie/Kreative Kinder- und Jugendlichentherapie sowie Fortbildungen im Semnos-Konzept.

Udo Baer, Jg. 1949
Diplom-Pädagoge, Heilpraktiker für Psychotherapie, Bewegungstherapeut, Kreativer Leibtherapeut. Leiter der Zukunftswerkstatt *therapie kreativ*, seit vielen Jahren in seiner therapeutischen Praxis tätig. Autor zahlreicher Fachbücher. Herausgeber der Zeitschrift *therapie kreativ*.

Waltraut Barnowski-Geiser und Udo Baer arbeiten leibtherapeutisch. Leib ist in diesem Zusammenhang der Begriff für den erlebenden Menschen. Kreative Leibtherapie nimmt die verschiedenen Aspekte des Erlebens der Klient/innen ernst (z. B. Gefühle, innere Bilder, Körpererleben, Resonanzen auf andere Menschen usw.) und bemüht sich, durch die kreativen Möglichkeiten der Musik, des Gestaltens, des Tanzes und der Poesie Wege des Ausdrucks und der Veränderung zu ermöglichen.

INHALT

I

Drei Überraschungen und ein Zorn oder: Warum wir dieses Buch geschrieben haben

Immer, wenn wir mit Kindern zu arbeiten beginnen, die die Diagnose „ADS" oder „ADHS" bekommen haben, sind wir irgendwann, meist schon nach kurzer Zeit, überrascht. Beschrieben wurden uns die Kinder als aggressiv und überaktiv, als unkonzentriert und unfähig, sich mit etwas zu beschäftigen, fast immer als unerreichbar. Wir begegnen Kindern, die durchaus erreichbar sind, manchmal sogar sehr schnell, und die sich z. B. auf eine Melodie oder einen Rhythmus durchaus konzentrieren können. Das überrascht uns manchmal so sehr, dass wir uns fragen, ob nicht versehentlich ein anderes Kind beschrieben wurde als das, mit dem wir gerade arbeiten (was uns nicht überrascht, ist die Anstrengung, von der Eltern und andere Erziehende berichten; sie teilen wir).

Dass wir so überrascht werden, hat nichts damit zu tun, dass von Eltern, Erziehenden oder anderen die Kinder bewusst „falsch" beschrieben werden. Es ist Folge eines anderen Blickwinkels und einer Diagnostik, die allzu leicht und allzu häufig in die Irre führt.

Die Diagnostik „ADS" bedeutet: „Aufmerksamkeits-Defizit-Syndrom". Wird ein H eingefügt, ist damit gemeint, dass sich die sogenannte Aufmerksamkeits-Störung in Hyperaktivität (=Überaktivität) äußert. Angeblich sollen hirnorganische Veränderungen für diese Erkrankung verantwortlich sein, die mit einem Psychopharmakon (z. B. Ritalin®) bekämpft werden (darauf sind wir an anderer Stelle eingegangen, s. Baer/Barnowski-Geiser 2005a). Diagnostiziert wird „ADS" bzw. „ADHS" anhand von Faktoren, die beschreiben, wie das Kind die Umwelt stört: zu viel reden, die Hausaufgaben nicht machen, von dieser zu jener Tätigkeit springen usw. All diese Faktoren, „Symptome" genannt, beschreiben scheinbar objektiv Äußerlichkeiten, wie sich ein Kind verhält und wie es auf andere wirkt. Was fehlt, ist der Blick auf die Innenwelt des Kindes. Bekommt die Innenwelt Raum, wird ihr Interesse und Achtung geschenkt, erhält das Kind die Möglichkeit, mit geeigneten Methoden kreativer Therapie auszudrücken, wie es sich und seine Welt erlebt, dann erleben die, die mit dem Kind arbeiten, Überraschungen.

Wenn die Kinder uns ihre Innenwelten zeigen, entsteht fast immer ein anderes Bild als vorher aufgrund der Erzählungen oder diagnostischen Berichte Erwachsener. Vor allem wird das Leid der Kinder konkret sichtbar und dadurch fühlbar. Das konkrete Leiden der Kinder hat dann mit den „ADS/ADHS"-Diagnostiken kaum noch etwas zu tun. Sicherlich sind zahlreiche Kinder hyperaktiv. Aber was treibt sie um? Woraus speist sich die hohe innere Erregung, die sich in „Ausflippen" entlädt und die sie unruhig von einer Aktivität zur anderen führt? Wer nur sagt „Aufmerksamkeitsdefizit", stellt diese Fragen nicht. Und wer Fragen nicht stellt, erhält auch keine Antwort. Wir stellen diese Fragen. Uns reichen keine Symptombeschreibungen und oberflächlichen

Diagnosen, wenn wir die Not der Kinder verstehen und ihnen helfen wollen. Ohne Zugang zu den Innenwelten der Kinder können wir ihre Not nicht verstehen, können wir sie nicht erreichen und ernst nehmen, können wir ihnen nicht helfen, Wege aus der Not zu finden.

Die zweite Überraschung erlebten wir, als wir bei der Vorbereitung zu Seminaren über unser „Semnos"-Konzept der Arbeit mit hyperaktiven Kindern bzw. Kindern mit „ADS" die Literatur zu diesem Thema sichteten. Vieles fanden wir, das oberflächlich war und sich immer in den gleichen Ratschlägen wiederholte. Zahlreiche gute, ernsthafte Ansätze entdeckten wir auch, von Ärztinnen und Ärzten, Therapeutinnen und Therapeuten sowie Betroffenen, denen wir wichtige Hinweise verdanken. Bei der ersten Gruppe von Büchern tauchten die Innenwelten der Kinder gar nicht auf, bei den Letzteren leider auch nur knapp und am Rande. Das überraschte uns und überrascht uns noch immer. Wenn wir einem Menschen helfen wollen, dann können wir, ganz gleich, ob als Therapeutin oder Freund, ihn doch nicht sofort mit Ratschlägen überschütten, sondern müssen zuerst einmal und vor allem zuhören, zu verstehen versuchen, woran er leidet. Das heißt, wir brauchen Zugang zu seiner Innenwelt, zum Erleben seiner Not. Dass dieser Schritt, wenn es um Kinder mit „ADS/ADHS" geht, in der Literatur über sie nicht selbstverständlich ist, überrascht uns noch immer.

Die dritte Überraschung sind die Kinder selbst, ihre Klugheit, ihr innerer Reichtum, ihre Wachheit, ihre Lebendigkeit und – ihre Aufmerksamkeitsfähigkeit. Dass gerade Kinder, die als aufmerksamkeitsgestört diagnostiziert worden sind, besondere Fähigkeiten in ihrer Aufmerksamkeit besitzen sollen, wird sicherlich auch die Leserinnen und Leser überraschen. Wenn Sie die Texte dieses Buches lesen, werden sie entdecken, wie aufmerksam die Kinder sich und die Welt um sie herum betrachten, wie „altklug", manchmal weise sie beschreiben, was mit ihnen und ihrer Umgebung los ist. Oft verfügen sie über eine besonders hohe Empfindsamkeit, ja Dünnhäutigkeit, die vieles ungeschützt und ungefiltert in sie hineinströmen lässt, wogegen sie sich mit einem Verhalten schützen, das ignoranterweise als Aufmerksamkeitsdefizit ausgelegt wird. Also als das Gegenteil dessen, was wirklich geschieht.

Wenn ein Kind, das sich „normalerweise" keine 30 Sekunden konzentrieren kann, nach einigem Austoben in den ersten beiden Therapiestunden in der dritten hochkonzentriert in einer Höhle aus Decken sitzend 20 menschliche Figuren aus Knete herstellt und zu jeder eine Lebensgeschichte erzählt, dann ist das überraschend. Wenn ein Kind, das angeblich keinen Satz zu Ende zuhören kann, sich in der zweiten Therapiestunde mit der Therapeutin über den Sinn des Lebens unterhält und in der vierten mit ihr mehrere Minuten lang rhythmisch trommelt, dann ist das überraschend. Wenn ein Kind in der ersten Begegnung sagt, „Ich hab ADS und bin nichts wert", und sich als musikalisches Talent entpuppt, herrliche (und tieftraurige) Märchengeschichten erzählen und die dreißig Folgen seiner Lieblingsfernsehserie haargenau wiedergeben kann, dann ist das überraschend. Aufmerksamkeitsdefizit? Wer sich mit dem Innenleben der Kinder beschäftigt, für den wird dieser Begriff ein Fremdwort, ein Begriff aus einer anderen Welt, der muss andere Worte suchen, die die Not der Kinder beschreiben, aber auch ihren Reichtum, ihre Fähigkeiten, ihre Potenziale.

Diese drei Überraschungen haben uns bewogen, ein Buch über die Innenwelten der Kinder mit der Diagnose „ADS“ bzw. „ADHS“ zu veröffentlichen. Dafür haben wir drei Wege beschritten. Waltraut Barnowski-Geiser hat einen Bericht über einen einjährigen Therapieprozess (Mein Jahr mit Ole) verfasst und aus Erzählungen von Kindern und jungen Menschen, mit denen sie gearbeitet hat, „Geschichten aus dem Innen“ zusammengestellt, die mit Kommentierungen von Udo Baer versehen sind. Udo Baer beschreibt Erstgespräche mit betroffenen Kindergartenkindern und ihren Eltern und hat drei Erwachsene interviewt, die im Rückblick erzählen, wie ihr Leben mit „ADS“- bzw. „ADHS“ verlaufen ist. Hier kommentiert Waltraut Barnowski-Geiser. Alle Berichte wurden anonymisiert.

Wir wollen es nicht verhehlen: Nicht nur die drei Überraschungen haben uns bewogen, dieses Buch zu erstellen, sondern auch der Zorn. Wir sind zornig und wir hören auch von anderen Kolleginnen und Kollegen, die mit diesen Kindern arbeiten, dass sie diesen Zorn teilen.

Wir wissen, dass in diesen Zeiten Geld knapp ist, gerade im sozialen Bereich.

Wenn aber eine „Geiz ist geil!“-Mentalität die therapeutische Arbeit bestimmt, so dass Aspekte von Nutzen und Leistung einem entwürdigenden Umgang mit Kindern Vorschub leisten, so dass das Kind in seiner Individualität auf der Strecke bleibt, dann macht uns das zornig.

Wir wissen, dass sich viele Eltern bemühen, ihren Kindern zu helfen, und dass sie selbst manchmal in ihrer Hilflosigkeit nahezu ersticken und darin oft stehen gelassen werden. Wir sind zornig, dass es kaum adäquate Therapieplätze in angemessener

Wartezeit gibt. *Und* wir sind zornig, dass es daneben auch Eltern gibt, die ihren Kindern körperlich und seelisch Gewalt antun, sie missachten sowie Schuld und eigene Probleme auf ihnen abladen.

Wir wissen, dass viele Erzieherinnen und Erzieher sowie Lehrerinnen und Lehrer sich intensiv um hyperaktive und andere Kinder bemühen, aber scheitern oder an Grenzen stoßen, weil sie dafür nicht ausgebildet wurden, und weil die Rahmenbedingungen des Systems Schule bzw. Kindergarten nicht mehr individuelles Helfen zulassen. Und uns macht zornig, dass von manchen Erziehenden die Diagnose „ADS/ADHS" als bequemer Ausweg benutzt wird, um die Kinder abzustempeln, abzuschreiben und manchmal sogar auszugrenzen.

Wir wissen, dass viele Therapeutinnen und Therapeuten (mit guten Erfolgen) sich abrackern, um Kinder mit „ADS/ADHS"-Diagnose zu verstehen und zu erreichen, um ihnen zu Veränderungen zu verhelfen. Und uns macht zornig, dass wir immer wieder mitbekommen müssen, dass gerade hyperaktive Kinder als „therapieunfähig" oder „therapieunwillig" ausgegrenzt werden, dass immer noch von einigen versucht wird, diese Kinder mit Dressurmethoden „umzuerziehen", die selbst auf den Hundedressurplätzen außer Mode gekommen sind. Wir sind zornig, dass viele Kinder in ihrem Hunger nach Resonanz und Anklang erneut Entwürdigung erleben.

Wir wissen, dass viele Ärztinnen und Ärzte sich mit großer Sorgfalt um die Kinder bemühen und dass es durchaus notwendig sein kann, mit Medikamenten eine Unterbrechung der Spirale der Hyperaktivität und des Aneckens herbeizuführen, um etwas Ruhe einkehren zu lassen und eine Therapie beginnen zu können. Und wir sind zornig, dass so viele Kinder mit Psychopharmaka dauerhaft ruhig gestellt werden – ohne ihnen andere therapeutische Hilfe anzubieten.

Wir wissen, dass viele Erziehende, Ärztinnen, Ärzte, Therapeutinnen und Therapeuten offen sind für die kreativen Ausdrucksmöglichkeiten des Musizierens, des Malens und des Tanzens. Und wir sind zornig, dass die kreativen Möglichkeiten des Ausdrucks und des Kontaktes, sprich kreative Therapie, immer noch von manchen abwertend belächelt und nicht wenigstens da einbezogen werden, wo Worte offensichtlich allein nicht reichen. Uns macht auch zornig, wie wenig die aktuellen Ergebnisse der Neurowissenschaften zur Kenntnis genommen werden, die die Bedeutung von Gefühlen und sinnlichen Erfahrungen, von Interesse und lebendigem Kontakt beim Lernen beweisen und betonen.

Wir sind zornig immer dann, wenn wir mitbekommen, dass Kinder in ihrer Not und in ihrem Reichtum nicht gewürdigt werden, ja, oftmals nicht einmal selbst befragt werden.

In unserem Zorn ist immer auch die Hilflosigkeit enthalten, dass wir so wenig tun können. Um einen Teil dieser Hilflosigkeit in Energie umzuwandeln, haben wir dieses Buch geschrieben. Wir wollen die vielen Eltern und Erziehenden, Therapeutinnen, Therapeuten, Ärztinnen und Ärzte, die sich um Hilfe für die Kinder bemühen, darin unterstützen, zu erfahren, was in den Kindern vorgeht. Dafür scheint es ein großes Interesse zu geben. Als wir unser Semnos-Buch veröffentlichten bzw. vorher einigen die Manuskripte zu lesen gaben, hörten wir oft: „Am meisten beeindruckt haben mich die Geschichten der Kinder in den Beispielen. Seitdem verstehe ich erst, was in ihnen vorgeht."

Die Innenwelten der Kinder zu entdecken, braucht Achtsamkeit und Neugier. Und einen offenen Blick. Denn jedes Kind ist anders, jedes Kind verdient, in seiner Einzigartigkeit gewürdigt zu werden. Die Innenwelten der Kinder zu entdecken, hilft, an ihnen anzudocken und Wege der Hilfe zu finden, die ihre Not und ihre Fähigkeiten würdigen.

Die Innenwelten der Kinder zu erkunden, ist ein Weg der Würdigung, ein Akt der Würde.

Udo Baer, Waltraut Barnowski-Geiser

2

Waltraut Barnowski-Geiser

Mein Jahr mit Ole

Ich möchte von Ole erzählen. Ole kam für ein knappes Jahr einmal in der Woche, Ferienzeiten ausgenommen, zur Therapie. Er erschien regelmäßig, sehr pünktlich, obwohl er sich selbständig alleine mit dem Bus aufmachen musste. Ich entscheide mich, Ole für diese Beschreibung einer längerfristigen Einzelarbeit zu wählen, da er mich in diesem Jahr unserer gemeinsamen Arbeit besonders berührt, angerührt und angeregt hat. Sein Erleben ist mir nahe gegangen, Ole hat Einblicke erlaubt und erwünscht. Oles Vater war nur mühsam zu gemeinsamen Sitzungen zu bewegen. Er klagte über eine zu hohe Arbeitsbelastung, die Termine nicht zuließe. Während der gemeinsamen Arbeit erschien der Vater dreimal. Kontakte gab es zusätzlich am Telefon, was der Vater aufgrund seiner beschriebenen Zeitnot bevorzugte. Die im Haus lebende Freundin des Vaters lehnte eine Teilnahme an der Therapie ab.

Oles Geschichte ist weder besonders typisch noch untypisch für die Arbeit mit hyperaktiven Kindern und Jugendlichen. Auch bei Ole ist Hyperaktivität das außen wahrzunehmende Phänomen, ein Etikett. Seine innere Seelenlandschaft ist durch viele unterschiedliche Puzzleteile geprägt, die es, wie bei allen anderen hyperaktiven Menschen auch, abseits von einem vorgegebenen Plan oder gar einer Taktik achtsam zu erkunden gilt. In diese gemeinsame Entdeckungsreise mit Ole mag das Folgende Einblicke ermöglichen.

Erstkontakt oder: „Was Ole für einer ist."

Ein recht aufgeregter Lehrer ruft mich an. In seiner Realschulklasse habe er seit einem halben Jahr einen Jungen, mit dem er nicht mehr weiter wisse. Ole sei elf Jahre alt, halte sich mehr außerhalb des Klassenraumes auf als darin, sitze unter dem Tisch, wenn er es für richtig halte, weine unkontrolliert im Wechsel mit unberechenbaren Wutattacken, zeige teilweise selbstverletzendes Verhalten. Eine Grundschule habe er schon verlassen müssen, dort habe er gar ein Waschbecken aus der Wand gerissen. Der allein erziehende Vater fühle sich überfordert mit dieser Situation und stimme einem Kontakt zu einer Therapeutin zu, da er den schulpsychologischen Dienst als Ansprechpartner ablehne. Auch Oles Vater ruft kurz darauf an und bittet um einen Termin. Ich schlage vor, Ole ebenfalls mitzubringen, damit wir uns kennen lernen können. Nach der Vorgeschichte bin ich sehr gespannt auf Ole und nun überrascht, welch kleiner, unscheinbar-schmächtiger, klug aussehender rothaarig-sommersprossiger Junge den Therapieraum betritt oder sich vielmehr in den Raum wirft. Vater und Sohn sind so sehr im Streit verfangen, dass eine Begrüßung zunächst nicht stattfindet, sie scheinen mich nicht wahrzunehmen. Der Vater fragt nach dem Verbleib des Schulmäppchens, das offenbar gerade verloren gegangen ist. Der Vater wird laut, Ole schmeißt sich in einer Ecke des Raumes auf den Boden, zieht seine Jacke über den Kopf und gibt keuchende Geräusche von sich.

„Na, da können Sie wenigstens gleich sehen, was das für einer ist. Jetzt hat der wieder seinen Bock!", sagt der Vater. „Unmöglich ist der und verliert alles. Und reden tut der auch nicht! Ich kann nicht mehr!", rauft sich die Haare und sinkt mit dem Oberkörper vornüber, sein Gesicht, das auf mich müde und freudlos wirkt, mit den Händen bedeckend. Irgendwie sind wir gleich mittendrin und es fehlt nur noch, dass der Vater sich auch unter seiner Jacke verkriecht, denke ich. Diese Anfangssituation spiegelt so viel wider, ein Grund, warum ich Kindern und Eltern am Anfang gerne gemeinsam begegne.

„Ja, guten Tag erst einmal. Dann ist ja gut, dass sie nun hier sind. Und schöner fände ich, Ole, wenn du zu uns kommst und selber auch was erzählst. Deine Meinung interessiert mich."

Ole lugt ein wenig unter der Jacke hervor, schaut mich zum ersten Mal, fast überrascht, offen und interessiert an.

„Herr Gott, setz dich jetzt hierhin!", der Vater wird unbeherrschter, worauf Ole wieder unter seiner Jacke verschwindet und Stöhngeräusche von sich gibt.

„Sie können sich vorstellen, dass Schule gar nicht geht. Schon in der Grundschule. Immer hatte er Probleme, die Lehrer kamen einfach nicht mit ihm zurecht. Die erste Lehrerin war viel zu lieb, die zweite war ein General, die wussten ihn beide nicht zu nehmen. Sie haben ihn dann zum schulpsychologischen Dienst geschickt. Die meinten, er müsse auf eine Sonderschule. Aber da hab ich ihn von der Schule genommen, mein Sohn ist doch nicht verrückt!" Der Vater guckt verzweifelt. „Dann war er bei einem Psychologen, der meinte, er habe nichts, nur eine kleine Verhaltensstörung, die sich von allein auswachsen wird. Unser Hausarzt hat ihn dann auch noch mal getestet, der meinte, Ole sei hyperaktiv. Da war ich froh, zu wissen, was er hat. Aber leben sie mal mit einem hyperaktiven Kind! Der Arzt wollte dann Medikamente verschreiben, aber davon halte ich nix!", sagt der Vater. „Ach ja, und besonders intelligent sei Ole."

„Da haben Sie ja eine Menge durch! Bei mir kommt eine große Anstrengung und Verzweiflung an!", äußere ich und stöhne innerlich ein bisschen ob dieser Vater-Sohn-Beziehung, die sich mir präsentiert. Ole guckt erneut überrascht unter seiner Jacke hervor, rückt näher und beschäftigt sich gleichzeitig mit einer Spielpuppe.

„Meine Mama ist auch weg!", sagt Ole und das ist das erste, was er hier und heute nach seinen Geräuschen von sich gibt.

„Meine Frau war mit ihm überfordert, wissen Sie, die hat ihn sehr geliebt, aber auch geschlagen, wenn sie nicht mehr weiter wusste!", sagt der Vater ein wenig gedämpft, so als höre es Ole, der nun aufrecht und wach neben uns sitzt, dadurch nicht. „Sie ist vor fünf Jahren nach Schweden zurückgegangen."

„Sie hat mich geliebt?"

Ole schaut sehr verwundert, seine Augen eindringlich den Vater weiter befragend. Tränen, er weint leise, dann heftiger.

„Männeken, du sollst dich mal lieber um deine Schule kümmern und dich besser benehmen, dann brauchst du hier auch nicht heulen!" Der Vater scheint Trauer nicht sehr zu mögen und wirkt nun hart.

„Ole ist jetzt erst mal traurig", höre ich mich sagen.

Stille jetzt, nur durch Oles Schluchzen unterbrochen. Der Vater dreht sich zur Seite, wirkt genervt und verzweifelt.

„Ja, dann soll er jetzt Therapie machen, ich weiß es ja auch nicht mehr. Aber der will ja nichts!“

„Ich will hierhin!“, sagt Ole mit fester Stimme und offenem Blick an mich. „Soll ich morgen kommen?“

„Ich freu’ mich, dass du kommen willst, aber im Moment habe ich noch keinen Termin frei. Ein bisschen wird das dauern, Ole.“ Ich merke, wie ich das wirklich sehr bedaure. Gerne möchte ich mit ihm arbeiten und der Vater gibt an, „froh zu sein, wenn der überhaupt mal was macht“.

Ole kippt erneut weg, stülpt die Jacke über den Rücken und nimmt neue Figuren in die Hand. Wir verhandeln noch Formalitäten, der Vater und auch Ole autorisieren mich, in Kontakt mit seiner Schule zu stehen.

Bis zum ersten Termin vergehen keine zwei Wochen, der Vater ruft erneut an und bittet um den schnellstmöglichen Termin, da Ole sich in der Schule nun völlig verweigere und der Schulverweis drohe.

Schuld

Ole betritt sehr schnell und sehr strahlend den Raum, wirkt heute im Gegensatz zum letzten Mal regelrecht erwachsen. Er probiert kurz ein paar Instrumente, greift nach den Spielpuppen und wirft sich dann auf die Kissen im Raum.

„Schön, dass du da bist, Ole!“, sage ich erfreut.

Bäuchlings, den Kopf aufgestützt, sinniert er:

„Es ist gut, dass ich komme, ich stelle mir nämlich immerzu die Schuldfrage. Und das ist schlimm, manchmal will ich nicht mehr leben!“

„Puh, das klingt wirklich schlimm, Ole!“, sage ich, über seinen unmittelbaren Einstieg und seine Offenheit überrascht.

„Ja, aber ich will jetzt wissen, ob ich schuld bin, weil manchmal denke ich eben auch, dass meine Eltern schuld sind. Der Papa schreit und schimpft. Schreien halt ich gar nicht aus. Und die Britta schreit auch, wenn der Papa nicht da ist.“ „Wer ist Britta, Ole?“

„Die wohnt bei uns, mit der ist Papa zusammen! Schon ein paar Jahre oder so.“

Ole hält fortwährend einen Stoffkater in seinem Arm. Ich greife dies auf und sage:

„Stell’ doch mal alle, die bei euch wohnen, als Tiere hierhin.“

Ole springt gleich auf und macht das in rasendem Tempo, er ist der Kater, den er im Arm hatte. Diesen positioniert er abseits von den anderen Hausbewohnern, Tiger und Maulwurf, Britta und Vater, die er als seine Eltern benennt.

„Wie geht es dem Kater?“

„Der ist einsam, immer, aber der kann machen, was er will. Aber dann ist er auch schuld und hat keine Freunde.“

„Das kennst du?“, frage ich vorsichtig.

„Ich hatte einen Freund, aber der hat mich dann mit anderen überfallen und festgehalten und geboxt, in den Magen, und schlimme Sachen gemacht.“

Ole sinkt nach innen und äußert, dass ihm übel werde.

„Komm, box das mal in den Boxsack!“, fordere ich auf, und Ole ist schon zugange, boxt wie wild.

„So, eine für den Marcel und für den ... Er keucht.

„Ich hab das Gefühl immer noch im Magen!“, Ole guckt unglücklich-erwartungsvoll.

Ich ermuntere ihn, dieses Gefühl mit Farben auf ein Papier

zu kleckern. Mengen von Rot klatschen aufs Papier, ein wenig schwindelig sei ihm nun, weil die hätten echt schlimme Sachen mit ihm gemacht. Er möchte das Gekleckerte nun mit seinen Füßen zertrampeln, er stampft wie wild, wie eine kleine Rakete wirkt er, fällt nach zwei Minuten auf die Matten. Strahlt nun:

„Zum ersten Mal konnten meine Gefühle raus!", sagt er und will schon zur Tür hinaus.

„Ole, wenigstens Tschüß sagen!"

„Tschüß!", ruft er und rennt schon von dannen.

Ich bin von Oles hohem Tempo und den Ereignissen der ersten Stunde ziemlich überrascht. Ich muss nun erst einmal tief durchatmen.

Qual

Schon 10 Minuten vor der Zeit ist Ole da. Er strahlt erneut sehr und äußert, heute Musik machen zu wollen. Er findet es schwer, sich für ein Instrument zu entscheiden. Ich schlage ihm vor, zwei zu wählen. Er wählt die Schlitztrommel und eine Sambatrommel. Sehr grovende, schnelle, wilde Musik ertönt.

„Mensch, Ole, du bist ja ein richtiger Musiker!", sage ich bewundernd.

„Ich weiß!", äußert Ole sehr selbstbewusst, „Ich hab' halt nur keine Instrumente zu Hause!"

„Wie klingst du denn zu Hause?", frage ich ernst.

„Na, Sie stellen aber schwierige Fragen!" Ole denkt nach. „Das kommt ja drauf an, wo ich mit meinen Eltern bin. So klingt Urlaub."

Gleich bleibende Schlitztrommelschläge erklingen.

„Da sind wir am Strand, die Sonne scheint. Das ist gut, aber das kann auch anders sein."

„Wie?"

„Na, das Gegenteil. So!" Er greift die Rahmentrommel, dumpfe Einzelklänge ertönen.

„Das ist Regen!", kommentiert Ole. „Was haben Sie gehört?"

„Für mich war das heftig!", sage ich. „Ich find schwer, das zu sagen. Aber ehrlich: Ich habe Militär und Hinrichtung vor meinen Augen gesehen!"

„Ja, das stimmt ja auch. Ich hab Ihnen ja schon gesagt, dass ich manchmal tot sein will. Nach dem Regen kommt der Blitz und ich hoffe sehr, dass er mich trifft."

„Das erschreckt mich, Ole, echt. Wann denkst du das?"

„Na, wenn meine Eltern wieder brüllen. Ich quäle dann unseren Hund. Ich hab den einmal richtig gewürgt. So ..."

Er zeigt eine würgende Handbewegung und sagt:

„Marcel sagt, ich bin ein Tierquäler!"

Pause

„Mir tut das auch leid. Ich habe das Münchhausen-Stellvertreter-Syndrom!"

„Was ist das?", frage ich, die ich nicht sicher bin, ob er das wirklich meint.

„Das habe ich im Internet gefunden. Man tut anderen das an, was man sich eigentlich selber antun möchte."

„Bei mir kommt viel von deiner Qual an, Ole!", sage ich und bin sehr betroffen.

„Ja, das stimmt. Ich hab viel Qual!", flüstert er leise.

„Wie klingt denn die Qual?"

Ole sucht schon nach Instrumenten, ein wenig verzweifelt sagt er: „Die hat keinen Klang, echt nicht, sie ist unbeschreiblich und hat keine Worte. Es ist, als habe man Hunger und Angst gleichzeitig."

Im Sprechen noch findet er eine Melodika und produziert fasziniert Töne. Er guckt sehr begeistert.

„Ich hab noch nie so was Tolles gehört!", sagt er.

„Ja!", sage ich, „Ich hab so viel Sehnsucht gehört."

„Stimmt!", sagt Ole und spielt weiter. Glücklich wirkt er.

„Darf ich dir die Melodika mitgeben, Ole?"

„Das ist nicht Ihr Ernst!"

Mit großer Begeisterung beenden wir beide die Stunde. Im Telefonat dazwischen erzählt der Vater, dass Ole zu Hause sehr viel Melodika spiele. Ich freue mich darüber.

Ich telefoniere mit Einverständnis von Ole und seinem Vater mit dem Klassenlehrer. Er gibt an, dass Oles Verhalten in den ersten zwei Wochen unseres Arbeitens extrem schlimm gewesen sei. Seit zwei Tagen störe er jedoch kaum und könne sogar am Gruppentisch mitarbeiten. Meine Freude darüber wird ein wenig getrübt durch Oles Verhalten in der nächsten Sitzung.

Der Klang der Stille

Ole strahlt für mich viel Diffuses und Ausweichendes aus. „Letztes Mal zu viel Nähe, schon stark in der Übertragung?", sind Fragen, die ich mir stelle. Ich merke nun, dass er den Raum neu inspiziert, natürlich, ich habe seit dem letzten Mal den Raum umgeräumt. Auch das scheint ihn zu verunsichern. Er schlendert ziellos durch den Raum, er schaut mich nicht an. Nach einiger Zeit frage ich:

„Der Raum ist umgeräumt. Wie ist das für dich?"

„Ist mir egal!", wirft Ole knapp hin.

„Was möchtest du heute machen?"

„Ist mir egal!"

„Es ist deine Stunde, also auch die Chance, dir etwas auszusuchen, Ole!"

Er fasst einige Instrumente an.

„Okay, ich mache den Vorschlag, du suchst ein Instrument und spielst, wie es dir heute geht!", sage ich aufmunternd.

„Ich kenne die Instrumente nicht. Dann müsste ich alle spielen!"

„Dann tu das!", fordere ich ihn auf, Eingrenzungsimpulse zurückhaltend.

Ole strahlt, kippt alle Schlegel vor sich hin, forscht ziellos hier und da nach Klängen.

„Was macht die Melodika?", frage ich.

„Ich habe viel gespielt, den Papa nervt das."

Ich merke, dass mich der Papa nervt.

Er spielt suchend vor sich hin, kommt offenbar bei keinem Instrument an und legt sich nun unvermutet auf die Matten.

„Ich hab Kopfschmerzen!", stöhnt er, „Das war zu laut!"

„Na, dann hör mal deinem Kopf zu, was der sagt!"

„Der Kopf will Ruhe!", antwortet er prompt.

„Na, dann mach das!", schlage ich vor, während er schon zu den Bilderbüchern klettert. Er wählt Leo und Zoe und kann nach sehr kurzer Zeit den kompletten Inhalt wiedergeben. Dazwischen erzählt er ruhelos Dinge aus einem anderen Buch, schnell, ich spüre Anstrengung, ihm noch zu folgen, Schwindel. Ich äußere das.

„Ja, ich will Ruhe!", wimmert er, „aber die find ich ja nicht.

Nie!“, klettert dabei unter die Decke, weil es da dunkel sei und nur „dunkel“ Ruhe sei, springt nach kurzer Zeit wieder auf.

„Das war schön!“, sagt Ole, nun klarer schauend. „Der Klang der Stille. So heißt ein Film!“, wirft er beiläufig hin.

Sichtbar irrend zieht er erneut durch den Therapieraum.

„Wie geht es dir hier heute, Ole?“

„Ich vermisse Freunde!“, sagt er, wegschauend, nicht mehr so offen wie am Ende der letzten Sitzung.

„Und wie geht es dir mit mir hier?“

„Gut!“, sagt er, meinem Blick ausweichend. Ich bin in der Woche bis zur nächsten Sitzung oft innerlich mit ihm beschäftigt.

Schatzsuche

Ole kommt mit offenem Blick und sehr wach in den Raum. Er erzählt im Gehen und ich gehe mit ihm mit. Die letzte Woche sei gut gewesen, da er öfter in den Pausen jemanden zum Spielen hatte.

„Das war cool! Zu Hause ist es immer so allein und langweilig!“

Er wirft sich stöhnend auf die Matten. „Ich will jetzt endlich das neue Spiel für Gameboy-Advance, aber ich krieg das ja nicht.“ Sein Tonfall wird quengelig. „Ich will mir immer was Neues kaufen, aber das Geld hab ich nicht.“

„Was willst du denn jetzt?“

„Ich will Computer spielen. Ich kann an nichts anderes denken!“ Er wimmert in einem klein-kindlichen Ton. „Ich bin süchtig! Das soll mal alles weg sein.“

Ich schlage ihm eine Fantasiereise vor und wähle „Himalaya-Musik“. Ole kuschelt sich in die Decke in die Ecke.

„Ich schlaf bestimmt ein. Immer, wenn ich mich leg, schlaf ich ein."

„Wir probieren es einfach, Ole. Achte einfach auf das, was ich sage."

Nach einem Bodyscanning (eine Körperachtsamkeitsschulung nach Kabat-Zinn) rege ich an: „Du verreist mit Hilfe der Musik in ein anderes Land. Wie riecht, schmeckt, klingt es hier, was siehst du, was hörst du?

Ich lasse dich ein paar Minuten mit deiner Fantasie allein." Ole liegt still mit geschlossenen Augen und erzählt anschließend: „Ich war in einem sehr verrückten Land. Hier essen die Leute Tücher mit Sojasoße und tun ganz verrückte Dinge. Von weitem habe ich eine Burg gesehen. Ich bin hinein gegangen und habe erstmal geschlafen. Dann begann ich, nach einem vergrabenen Schatz zu suchen. Ein Mönch kam auf mich zu und sagte: „Bruder, wir haben hier andere Schätze, nicht, was ihr bei euch solches nennt, nichts, was man für Geld kaufen kann." Nun lugt Ole unter seiner Decke hervor und sieht die Sonne. „Diese Sonne erzeugt Strahlen, Gold, echtes Gold, ich kann das Gold auf den Matten sehen. Der eigentliche Schatz ist die Wärme, hier im Raum!", sagt er," spüren Sie sie nicht auch?" Er strahlt: „Ich habe hier heute einen Schatz gefunden!"...

Scham

Ole betritt sehr zielgerichtet und in einem hohen Tempo den Raum, er wirkt atemlos.

„Hallo, Ole, was ist los?", frage ich interessiert.

„Ich muss hier heute ein Geständnis ablegen und danach ist

alles anders. Das wird alles verändern." Er schielt unsicher in mein Gesicht.

„Ich hab heute Morgen wieder in mein Bett Pipi gemacht. Das mach ich oft. Und der Papa schimpft dann und die Britta schreit." Er kauert sich zusammen, weint.

„Wie soll ich denn je einen Freund kriegen. So eine Klasse will keinen Bettpinkler. Wenn die das je rauskriegen, dann ist alles aus. Papa haut mich deswegen manchmal. Meine Tante hat mich auch schon mal verkloppt, weil ich alles kaputt kriege. Ich wollte rauskriegen, wie der Tacho von ihrem Fitness-Rad funktioniert. Das ist sehr kompliziert, deshalb musste ich von oben gucken und dabei ist das dann abgebrochen. Ich krieg einfach alles kaputt, echt! Ich hab Scheiße in den Fingern!", schluchzt Ole.

„Ich höre, dass dir beim Forschen ein Unglück passiert ist. Dass dich Menschen dafür schlagen, finde ich unglaublich. Mann, das schnürt mir die Kehle zu!" Ole scheint das nicht zu hören. Er versinkt förmlich in sich.

„Ich will mich verkriechen. Keiner soll mich mehr sehen." Aus Schlegeln und einer Decke baut er sich eine Minihöhle, in die er hineinkriecht, auf dem Rücken liegend. Ganz still ist es nun, Schweigen mehrere Minuten. Finger, allmählich eine Hand, „krabbelt" ein Stück unter der Decke hervor, suchend, die Finger vorsichtig trommelnd.

„Darf ich mal deine Hand nehmen?"

„Ja!", weint er. „Was denken Sie denn jetzt?"

„Ach, Ole, du bist ein toller Junge!" Ole wird nun von heftigen Weinkrämpfen geschüttelt. „Das hat noch nie jemand zu mir gesagt!"

Er schlägt mit der anderen Hand einen Schlegel wiederholt auf seinen Kopf.

„Was machst du denn an deinem Kopf, Ole?"

„Ich hau den. Das mach ich oft, den Kopf hauen, wenn ich mich hasse."

„Ich spür ganz doll mein Herz, Ole. Darf ich mal die Zuneigung, die ich für dich fühle, zu deinem Kopf über die Hand fließen lassen?", frage ich und Ole rutscht ein Stück unter der Decke hervor.

„Ich spür die!", flüstert er, „ das wird ganz warm im Herz."

So sitzen wir bis zum Ende der Stunde. Sehr betroffen und doch froh, dass Ole das sagen konnte.

„Ole, das mit dem ins Bett machen, muss ja ein riesiger Stress für dich sein. Darf ich darüber mal mit deinem Papa sprechen?"

„Klar, mein Papa weiß das sowieso. Ich will nur nicht deswegen Ärger kriegen!" Ole guckt aufgeregt.

„Genau darum will ich mich bemühen, Ole!"

„Okay!" Er drückt kurz meine Hand und geht heute sehr langsam aus dem Therapieraum.

Ich treffe mich kurzfristig mit dem Vater, was er auch möglich macht, auch wenn er stöhnt, dass „immer was mit Ole sei!". Der Vater gibt an, dass Ole vor Jahren wegen des Einnässens im Krankenhaus war, es aber keinen medizinischen Befund gab. Man habe dort gesagt, dass Ole nur zu faul sei.

„Was haben Sie für einen Eindruck?"

„Ich habe den Eindruck, dass er das macht, wenn er mit sich nicht im Reinen ist, wenn er unter großem Druck steht und alleine ist."

„Wann fing das an?"

„Direkt nachdem meine Frau ausgezogen ist, da war es ganz

schlimm. Seit er hierhin kommt, war das eigentlich nicht mehr. Er ist so froh, zu ihnen zu kommen. Er ist ein ganz anderes Kind im Moment!“

„Das freut mich“, sage ich, „schön, dass Sie die Arbeit unterstützen. Ole hat Angst, dass er Ärger kriegt, wenn Sie hierher kommen müssen.“

Jetzt weicht der Vater mit dem Blick aus.

„Ja!... nein! Er kriegt keinen Ärger. Mir ist das nur manchmal auch alles zu viel und dann hau ich ihm mal eine. Ich weiß, dass das nicht gut ist. Ich hab den Ole verdammt gern.“

„Das merke ich!“, nicke ich, auch für ihn Wärme spürend, ihm bestätigend zu.

„Bei mir kommt viel Druck an!“

„Den hab ich. Und wie ...“ Der Vater erzählt ausführlich von seiner beruflichen Situation, er hat Angst, gekündigt zu werden. Der Betriebspsychologe habe ihm Gesprächstherapie angeraten, die er nun auch in Anspruch nehme, da er viele körperliche Beschwerden habe, die ihm das Leben schwer machten. Ich merke, wie ich sehr froh bin, dass die dringend angezeigte Unterstützung des Vaters bereits ihren Weg nimmt.

„Aber das Wichtigste ist mir der Ole. Kann ich denn was tun?“

„Alles, was Druck rausnimmt, ist hilfreich. Also auch, was Ihnen Druck nimmt oder gut tut“, sage ich und spare mir, dass er mehr Kontakt zu Ole suchen soll. Ich spüre, dass er so überlastet ist, dass er das im Moment noch nicht kann und Begegnungen mit Ole wechselseitig in Stress ausarten. Auch das Thematisieren der offenbar problematischen Beziehung zu Britta und ihre Rolle für Ole braucht noch seine Zeit. Ich spüre eine Zufriedenheit, weil die Dinge auf dem richtigen Weg zu sein scheinen, jedoch nur für kurze Dauer: Zwei Tage später ruft Oles Lehrer an. Sehr aufgebracht. Ole sei gestern unerlaubt aus dem Unterricht gelaufen, in einem nahe gelegenen Supermarkt verschwunden und habe sich dort in der Toilette verbarrikadiert. Er habe sich geweigert, zurück ins Schulgebäude zu kommen, habe schreiend auf dem Boden gelegen. Er lehne es ab, solch einen Schüler mit auf Klassenfahrt zu nehmen und es gäbe jetzt erstmal eine Klassenkonferenz. Ich äußere, dass ich ihn verstehe, und frage, ob vorher etwas Besonderes in der Klasse vorgefallen sei. Der Lehrer gibt an, das nicht zu wissen, er wisse nur, dass sich Ole unerlaubt vom Schulgelände entfernt habe. Dafür gäbe es keine Entschuldigung. Er habe bereits den Vater informiert. Auch dieser ruft an, wir verabreden einen Sondertermin für Ole.

Sorgen

Ole scheint all das weniger zu berühren.

„Was ist los, Ole?", frage ich nach der Begrüßung.

„Was soll los sein?", sagt Ole, „Mein Vater meinte, ich hätte heute auch einen Termin."

„In der Schule ist doch etwas gewesen, Ole."

„Ach, das meinen sie. Das war nicht schlimm!"

„Dein Lehrer sieht das anders!"

„Hat der angerufen? Wir haben uns nur was gestritten. Also, die anderen haben ins Klassenbuch geschrieben, dass ich so viel störe, da hab ich gesagt, dass ich das unfair finde. Und dann ist der Marco immer wütender geworden und ich bin nur noch weggelaufen, damit der mich nicht kriegt."

„Wohin?"

„Ja, zum Supermarkt. Und da habe ich mich eingeschlossen im Klo. Ich hab total gezittert. So ...“, er macht das mit Bewegungen vor. „Ich weiß nicht, warum sich alle aufregen.“

„Du hast aber wohl auch gesagt, dass du dich umbringst“, sage ich vorsichtig.

„Ja, weil ich auch so Angst hatte. Ich wollte nur meine Ruhe, ich dachte, die verprügeln mich alle. Und dann will ich lieber sterben.“

„Also, die Angst vor dem Verprügeltwerden war so groß, dass du sterben wolltest?“

„Nicht so wirklich! Aber die Angst hatte ich wirklich!“, sagt Ole mit großen, offenen Augen.

Und wie war das, als du zurückgekommen bist?“

„Der Herr Meis hat mich geholt und geschimpft, und die in meiner Klasse, die waren dann total nett. Die haben sich richtig Sorgen um mich gemacht. Das war ein schönes Gefühl. Obwohl ich niemandem Sorge bereiten will.“

Selbst in dieser Situation freue ich mich noch an seinen gewählten Formulierungen.

„Was ist jetzt?“, frage ich.

„Ich bin traurig, weil ich denke, dass zu meiner Beerdigung keine Freunde kämen. Weil ich keine habe.“

Er rollt sich in Kauerstellung auf die Matte. Er wünsche sich noch mal Musik.

Ich suche Fauré aus und bitte ihn, nach einer Anleitung zur Atem- und Körperachtsamkeit, darauf zu achten, ob sich über die Musik seine innere Stimme melde. Das scheint ihn sehr zu interessieren.

Während der Musik habe er Zelte gesehen, Geburtstagsgeschenke und Abenteuer mit Freunden.

„Hat die Musik vom schönen Leben erzählt, Ole?"

„Ja, aber das schaff ich ja nicht."

Ich schlage ihm vor, eine Musik anzuhören, bei der er darauf achtet, was ihn unterstützt, ein schönes Leben zu führen. Ich lege Air von Bach auf, worauf er immerzu mit „das kenne ich" reagiert, was in mir Unsicherheit in Bezug auf das ausgewählte Stück auslöst. Ole hört dennoch aufmerksam zu.

„Mein Hund", sagt er, „der stützt mich! Aber ich hab so eine Angst, dass ihm etwas passiert!"

„Weil du ihm etwas antust?"

„Ja", weint er, „und das ist so ein Toller!"

„Wie du?", frage ich leise.

„Ja!", sagt er und weint noch mehr.

„Im Moment sorge ich mich mehr um dich", sage ich. Ole kriecht in meinen Arm und ich halte ihn, während er weint.

„Oh, diese Qual!", flüstert er.

„Ole, wir geben der Qual hier einen anderen Platz, damit dein Hund die nicht mehr abbekommt."

„Sie verstehen sofort!", sagt er. „Immer sofort! Seit dem vorletzten Mal fühle ich so, als ob Sie meine Mutter wären!"

„Das ist schön, Ole. Was muss denn eine Mutter für dich haben?"

„Liebe!", flüstert er.

„Die habe ich für dich, Ole!"

Ole nickt und weint und weint.

Der Klassenlehrer bittet um ein gemeinsames Gespräch mit dem Schulleiter, der auch Lehrer der Klasse sei, da sie nicht mehr mit Ole weiter wüssten und an eine Überweisung an die Sonderschule dächten. Der Vater sei mit diesem Gespräch einverstanden, habe aber bereits signalisiert, dass er auf jeden Fall den Verbleib Oles auf der Realschule wünsche. Die Lehrer der Klasse fühlten sich überfordert, die Situation sei verfahren, man wolle meine Einschätzung gerne hören und auch Hilfen im Umgang mit Ole bekommen. Vor allem auf den bevorstehenden Klassenausflug könne man ihn wohl kaum mitnehmen. Ich bedanke mich, dass die Lehrer mich einbeziehen, und fühle mich gleichzeitig nun auch ein wenig zwischen allen Stühlen. Ich bin sehr froh, kurzfristig eine Supervisionsstunde in Anspruch nehmen zu können.

„Rettet den bedrohten Ole"

Ole ist wie immer sehr pünktlich, legt sich bequem auf die Matte. Ein Thema habe er nicht, es gehe ihm gut. Ich sage ihm, dass ich seine Lehrerin sehr unter Druck erlebe, und frage, was er zu seiner schulischen Situation sage. Er wirkt überrascht, denn er findet seine Lehrer eigentlich nett. Er wisse nicht, was die hätten. Auch die Aufregung im Augenblick verstehe er nicht, da er doch einfach manchmal nur für sich sein wolle. Und wenn er Angst habe, laufe er halt weg. Aber das sei doch nicht so schlimm. Dass ihm nun ein Gespräch mit dem Schulleiter bevorstehe, mache ihm auch Angst, da er sich sorge, von der Schule geschmissen zu werden. Papa habe diese Befürchtung auch. Er wolle das nicht hören. Er wird quengelig-weinerlich im Ton. „Ich will Gameboy spielen, ich will nicht reden."

„Ole, so geht das nicht, du kannst nicht einfach abhauen, indem du Gameboy spielst. Ole, du hast ein dickes Schulproblem, und das musst du dir angucken!"

Ole kauert sich zusammen und hüpft weg.

„Ole, verdammt, ich sitze hier, weil ich dir helfen will, dass du nicht von der Schule fliegst. Also hau jetzt nicht einfach ab, Ole!“

Er scheint überrascht und schielt mich unsicher von der Seite an, wacher werdend.

„Also brauchen wir sozusagen ein Hilfsprogramm!“, sinniert er, sehr präsent nun. „Rettet den bedrohten Ole“, heißt das Programm.“

„Mhm“, äußere ich überrascht, „und wie sieht das Programm aus, Ole?“

„Wir müssen Greenpeace einschalten. Einen Schutzraum für Ole suchen und eine Flüssigkeit erfinden, die Ole unsichtbar macht, und ein Gegenmittel.“

„Wofür ist das gut, Ole?“

„Ich muss unsichtbar sein bei Angriffen und dann unsichtbar zurückschlagen können!“ Er überlegt sehr intensiv. „So ein Glasraum als Schutzwand müsste das sein, und nur wenn Freunde kommen, kann ich die Glastür aufmachen!“ Er strahlt in seiner Fantasie. „Ich müsste dann nicht mehr ausrasten und abhauen“, strahlt er mich nun an und ich finde seine fantasievollen Ideen klasse.

„Aber wie geht das auf deinem Klassenausflug, Ole?“

„Ich glaube nicht, dass ich da ausraste, denn, wenn die Lehrer dabei sind, dann bedroht mich niemand. Das trauen die sich nicht!“

„Und du könntest dir Hilfe bei den Lehrern holen, Ole, bevor du wegläufst.“

Gemeinsam suchen wir einen Schutzstein für Ole, den er als Notfall-Erinnerungsstein bei sich tragen und drücken soll, damit ihm sein Hilfsprogramm wieder einfällt. Das findet Ole gut. Zum

Abschluss möchte er trommeln und wir trommeln gemeinsam eine rasante Mutmachmusik, die mir den Eindruck eines guten Bodens zum Losgehen und in der schwierigen Situation Zuversicht gibt. Bei allen Schwierigkeiten im Außen arbeite ich sehr gerne mit Ole. Er macht mir ganz viel Freude.

Von Schimpf- und „Schönworten"

Ole ist heute sehr munter, wirkt strahlend. Auf meine Nachfrage hin erzählt er, dass der Ausflug gut geklappt habe. „Ich sagte doch, dass ich das schaffe!" Er scheint sich wirklich über meine Zweifel zu wundern. Ole möchte heute gern etwas lesen und stöbert in den Büchern in meinem Praxisraum. Er findet das Buch „Du hast angefangen, nein du!" und möchte, dass ich es ihm vorlese, während er die Bilder ansieht. An den benutzten Schimpfworten hat er zunächst Spaß. Ich frage ihn, ob er auch Schimpfworte kenne, die er nicht gut findet. „Über die rede ich nicht", sagt er und wirkt traurig, „ich will lieber Schönworte!"

„Welche fallen dir denn da ein?", frage ich.

„Sätze.", sagt er, „leider nicht so viele, aber ‚Ich will dein Freund sein!', hat Lennie neulich zu mir gesagt. Das war ein Schönsatz und auch ‚Du bist ein toller Junge!'", sagt er und grinst mich von der Seite an. „Das haben Sie gesagt!"

„Ja, Ole, ich weiß, das stimmt ja auch!" Ole strahlt mich an und ich strahle zurück, er schon unterwegs zu einem neuen Bilderbuch. Er hört nicht, was ich ihm sage. So wirkt es auf mich.

„Und manchmal finde ich dich unkonzentriert!", sage ich.

„Nee!", sagt er, „bin ich nicht".

„Finde ich schon. Ich erzähl dir manchmal was, und habe den Eindruck, du hörst nicht zu."

„Doch, ich höre zu, ich mache nur immer gleichzeitig was anders."

„Das fühlt sich nicht gut an, Ole. Ich zeig dir, was ich meine, Ole. Erzähl mir einen Witz."

Das kann Ole, wie ich weiß, auf Kommando. Er fängt an. Ich laufe währenddessen durch den Raum, nehme mir Bücher in die Hand, schlage mal kurz auf ein Instrument.

„Das ist aber doof!", ruft Ole. „Also, wenn ich Sie nicht kennen würde, fände ich Sie jetzt aber richtig doof. Ich denke, Sie interessieren sich nicht für mich!"

„Ja, Ole, so fühle ich mich manchmal neben dir. Und wenn du mir sagst, dass du so gerne Freunde hättest, dann denke ich, dass die vielleicht gar nicht merken, dass du dich für sie interessierst."

Ole scheint echt verblüfft.

„Das hätte ich nicht gedacht, dass das so wirkt! Also, Sie denken manchmal auch, ich höre nicht zu und dabei gucke ich nur woanders hin. Das interessiert mich aber echt, was Sie sagen!", äußert er mit herzigem Blick.

„Na, dann guck mich doch einfach öfter an!", sage ich und Ole hält seine Hand zum Einschlagen hin. „Das muss ich denen aus meiner Klasse gleich mal erzählen!", sagt er kopfschüttelnd.

„Schönworte" suche ich in der Schule. Ich bin überrascht, dass Ole und sein Vater nicht anwesend sind, aber die Lehrer geben an, alleine über Ole reden zu wollen. Der Schulleiter äußert, in großem Druck zu sein, da die Kollegen die Verantwortung für Ole nicht tragen könnten. Besonders das Verlassen der Schule sei ein schweres Vergehen gegen die Schulregeln. Ich äußere Verständnis für die hohe Belastung der Lehrer der Klasse und schildere meine Arbeitsweise, appellierend, dass therapeutische Zusammenarbeit Zeit brauche. Ich erläutere Oles Neigung zu starken Fluchtimpulsen bei großer Angst, die durch unterschiedliche, für andere Kinder vielleicht harmlos erscheinende Dinge ausgelöst werden könne. Für diesen Ansatz finden beide Lehrer Belege wie das Laut-Werden und Schreien von Kolleginnen etc.

Auf meine Nachfrage hin (und ich bin fast ein wenig sauer, dass es erst dann Thema wird), wird deutlich, dass sich auch Dinge hin zum Positiven verändert haben. Ole kann nun in Gruppen arbeiten und bleibt auch im Klassenzimmer. Er hat sich nicht mehr selbstverletzend verhalten. Als zwei Schüler sich im Klassenbuch über ihn beschwert hätten, habe er lediglich einen Kommentar hingeschrieben: „Ich möchte nicht ungerecht behandelt werden wie in der Grundschule und zu Hause. Das fände ich gemein!" Auf dem Ausflug habe er sich tadellos verhalten.

Es ist schwierig für Oles Lehrer, dies als Leistung zu würdigen, da das ja das erwartete Normalverhalten sei. Und er habe immer noch nicht alles geforderte Material dabei. Sie sind nach dem Gespräch jedoch bereit, Ole noch ein wenig Zeit zu geben. Ich fühle mich erschöpft und angestrengt, ich verspüre Zeit- und Veränderungsdruck, den die Lehrer, vielleicht verständlicher Weise, wie oft in der Therapie mit hyperaktiven Kindern an mich weitergeben möchten.

Tiger und Teufel

Ole wirkt diffus und unruhig. Er eilt ziellos durch den Therapieraum. Müde sei er, wolle aber auf gar keinen Fall liegen. Nun findet er einen Softball. Ich lasse seinen Impulsen freien Lauf und folge ihm nur, spürend, dass er heute kaum anders erreichbar ist. Nun spielt er mit dem Ball, den er auf die Trommel hüpfen lässt. Er baut einen Trommelparcour aus 5 Trommeln, um den Ball von der tiefsten zur höchsten Trommel hintereinander aufspringen zu lassen. Er versucht und versucht. Der Ball springt bis zur 3. oder 4. Trommel.

„Ich schaff es nicht!", wimmert er.

„Du schaffst es fast!", äußere ich.

„Ich schaffe es immer nur fast, wie immer, immer nur fast!" Ole wirkt ehrlich verzweifelt.

„Du hast dir ja auch eine verdammt schwierige Aufgabe gestellt. Ist das sonst auch so?", frage ich.

„Ja, sonst ist mir zu langweilig!" Ole stöhnt. „Oh, mir ist so langweilig, immer."

Pause. Schweigen. Ich warte.

„Bei Britta hab ich es auch nur fast geschafft. Ich hab ihr 20 Euro gestohlen!" Sehr aufgeregt forscht er in meinem Gesicht.

„Sie hat mir keine gehauen. Sie hat nur gesagt, dass ich das nicht mehr machen darf. Ich hab es erst nicht zugegeben, aber nachher doch." Er stöhnt.

„Oh, immer mach ich Mist! Dabei habe ich doch eigentlich die Mission, die Menschen glücklich zu machen!" Pause.

„Ich hab davon ganz viele Heftchen am Kiosk gekauft und die dann verschenkt an die Leute aus meiner Klasse."

„Wolltest du Freunde kaufen, Ole?", frage ich vorsichtig.

„Nein, nicht wirklich kaufen, aber ich wollte Bewunderung und Aufmerksamkeit, oder auch nicht so wirklich. Ein bisschen, so dass alle auf mich gucken. In der Grundschule haben auch immer alle auf mich geguckt, wenn ich einen Wutanfall hatte, wenn ich so richtig ausgeflippt bin."

„Ich sehe dich und werde auf dich aufmerksam, ohne Wutanfall. Einfach so. Merkst du das Ole?!

„Ja, das ist ja auch so ungewöhnlich. Aber immer kommt der Teufel in mir durch!"

„Was ist das Gegenteil von deinem Teufel?"

„Ein Tiger!"

Ole lässt das Stück „Tiger und Teufel" musikalisch auf der Schlitztrommel und dem springenden Ball auf den Djemben erklingen. Er habe beim Tiger große Langeweile gehört, sagt er, und Alleinsein. Dann suche der Tiger im Teufel den Kitzel, die Spannung. „Das ist wie Bungeejumping", sagt Ole. „Außerdem bin ich hyperaktiv!", wirft er hin, als habe er damit eine Erklärung und Entschuldigung gefunden. Erneut lässt er den Ball über die Djemben springen und schafft es tatsächlich. Er fasst zusammen, wie der Bau der Trommel mit ihrem Klang zusammenhänge, der entdeckende Lerner im Dazwischen. Ich frage mich, wie er all diese Impulse im Unterricht bloß unterdrückt, und frage ihn, wie er es heute hier fand.

„Voll cool, weil ich so viel machen konnte. Jetzt bin ich richtig fit!"

Eine Resonanz, die ich heute so nicht teilen kann, bin ich doch ob der Dichte der Stunde angestrengt und müde.

Aus tiefstem Herzen

Als Ole hereinkommt, entdeckt er mein Handy, das ich noch nicht weggelegt habe.

„Darf ich mal spielen?“, fragt er scheu und ich erlaube es ihm und schaue ihm zu. „Du bist ungeheuer geschickt, Ole!“

„Ja!“, sagt Ole stolz, „Deshalb mach ich das ja auch so gern! Überhaupt Geschicklichkeitsspiele. Aber nur am Computer oder so.“

„So, Ole, hör mal auf, ich möchte noch etwas von dir hören!“

Ich bin überrascht, dass er nach wenigen Minuten das Spielen ohne Murren aufhört.

Ole überlegt.

„Es klappt viel besser in der Schule! Ich passe jetzt auf.“

„Und woran liegt das!“, frage ich, Ole interessiert ansehend.

„Weil ich hierhin komme. Durch das hier werde ich ruhiger!“

„Darüber freue ich mich, Ole. Ich würde das gern mal klingen hören. Spiel doch mal, wie du in deiner Klasse klingst, wie du hier in der Therapie klingst und wie zu Hause.“ Ole marschiert schon los.

„Die Steeldrum ist für hier!“ Er spielt, sehr gleichbleibende Klänge.“ „Hier bin ich ruhig!“

Zu Hause sei er eine Kalimba. Ole spielt. Schweiß rennt ihm über die Hände, er prustet und stöhnt, weiß wird er. „So ist das, wenn ich Angst habe, dass ich Ärger kriege. Wenn mir langweilig ist und ich alleine bin, dann mach ich eben Mist!“

„Ist der Papa nicht da oder die Britta?“, frage ich.

„Doch, aber die müssen Fernsehen gucken oder im Garten arbeiten. Ich würd’ schon gern mit denen spielen. Aber: keine Zeit. Pech!“ Schweigen.

„Bei uns klingelt auch nie jemand. Höchstens der Postbote!"

„Und du, kriegst du Besuch, Ole?"

„Nee, Papa will das nicht, der braucht seine Ruhe!" Ich spüre, wie mein Herz sehr schwer wird.

„Und wie ist das hier für dich, Ole, in der Therapie?"

„Hier ist das anders. Sie hören mir wirklich zu, Sie sind da. Also, fast freuen Sie sich über mich!"

„Ja, Ole, ich freue mich an dir, an dem, wie du erzählst und wild tanzt und Musik machst." Ole hört aufmerksam berührt zu.

„Glaubst du mir das?", möchte ich mich versichern, dass meine Worte ihn erreichen.

„Am Anfang habe ich das nicht geglaubt, aber jetzt merk ich total, dass Sie das ehrlich meinen!", sagt Ole sehr warm.

„Woran merkst du das?", möchte ich wissen, da ich ihm helfen will, sein Misstrauen und Vertrauen zu differenzieren.

„Weil Sie das aus tiefstem Herzen sagen!", flüstert Ole und nun bin auch ich gerührt.

Ole möchte nun noch zum Klingen bringen, wie er in seiner Klasse klingt. Da klinge er wie ein Regenmacher und spielt sehr wild, die Arme hin und herreißend. „Was hörst du über dich?"

„Ich will jetzt nicht angeben!", sagt Ole, „Aber ich bin schneller als die anderen. In Deutsch schreib ich fast immer Einser. Ich pass ganz schön gut auf, ganz ehrlich! Und ich rede natürlich auch unerlaubt, weil ich ja Freunde kriegen will. Also, das mach ich schon noch."

Wir verabschieden uns für eine dreiwöchige Ferienpause.

Sucht

Die Ferien haben wohl Spuren hinterlassen. Ole hat tiefe Ränder unter den Augen, wirkt sehr müde und diffus. „Ich hab wieder die Sucht!", sagt Ole. In den Ferien habe er ganz viel Computer gespielt, gestern die ganze Nacht ein Kriegsspiel und den Sonntag verschlafen. Er hat nur das Ziel, das Eroberungsland im Spiel zu erreichen, aber das schaffe er nicht und sonst habe er zu gar nichts Lust. Ich schlage ihm vor, seine Traumreisenmusik anzumachen und er solle versuchen, mit seiner Fantasie in dieses Land zu kommen. Er liegt bestimmt 10 Minuten still zu dieser Musik. „Ich habe ganz viele kleine Hunde gesehen", schwärmt Ole. "Oh, die sind so süß! Besonders die kleinen!"

„Wie sind die kleinen?"

„Die wollen gestreichelt und massiert werden!", flüstert Ole und rollt sich sehr nah an mich heran.

„Bist du auch so ein kleiner Hund?", frage ich sanft.

„Oh ja, ich möchte massiert werden!" Ole wirkt sehr entspannt nun, da ich ihm Nacken und Rücken massiere.

„Hören Sie, dass sich mein Atem verändert!", meint er. „Ich werde immer mehr ein Hund!"

„Und was braucht der Hund?", frage ich nach.

„Oh, viel mehr Bewegung!", sagt Ole. „Ich möchte so gerne in den Tischtennisverein, aber der Papa meint, ich sei ein viel zu großer Individualist, und dass ich in einem Club nur Ärger machen werde. Vielleicht glaubt Papa nicht, dass ich jetzt ganz anders bin!"

„Ich glaube auch, dass ein Club mit Bewegung gut für dich ist, Ole. Red mal mit dem Papa und sonst helfe ich dir gerne dabei!"

Im später stattfindenden Gespräch mit dem Vater stimmt dieser sehr engagiert der Tischtennisidee seines Sohnes zu, da „ich noch nie solch einen Sohn hatte!" Auch die Lehrer äußern im zwischenzeitlich stattfindenden Telefonat, dass die Schulsituation deutlich entspannt sei und es im Moment sehr gut gehe mit Ole.

Suche

Ole ist wieder müde und diffus. Er habe schlechte Laune, weil er in Deutsch, obwohl er alles wisse, nie an die Reihe käme. Musik machen möchte er nicht, nicht malen. Eben gar nichts. Ich bin ein wenig ratlos und warte. Ole rollt sich über den Boden und ich spiele, seine Bewegungen aufgreifend, Jeux du Vagues von Debussy ein. Ole steigt auf die Musik ein und rollt sich zu musikalischen Stimmungswechseln über die Erde. Sein Blick sucht mich und auch ich rolle nun zur Musik über die Erde. Mit dem Ende der Musik erzählt er, er habe eine Prinzessin und einen Prinzen gesehen, der die Prinzessin liebe. Aber am Ende sei die Prinzessin tot und das wäre er am liebsten auch. Damit er nicht mehr die Schule und den Ärger und die Ferien aushalten müsse. Dann sei ihm sowieso langweilig und Langeweile sei zum Sterben. Auch jetzt hier sei ihm langweilig.

„Und was möchtest du damit machen?", frage ich ein wenig hilflos.

„Naja, wir müssen uns halt kurzweilen!", schlägt Ole vor.

„Und wie geht das?", frage ich.

„Indem wir uns kurz langweilen!", kontert Ole und ich muss sehr lachen über seine perfekten Wortspiele. Er wünscht sich, massiert zu werden. Beim Massieren erzählt Ole viel über seine Ängste, besonders vor Britta.

„Was hast du gedacht, als dein Papa sie mitbrachte?", frage ich. „Ich dachte gleich: Jetzt gibt's Ärger im Doppelpack!" Pause.

„Aber warum wollen Sie das wissen?", fragt er."

„Weil du mich interessierst, Ole!"

Ole ist schon weiter.

„Und die Nacht soll Tag sein. Ich kann nicht schlafen, ich will Schlaftabletten. Ich habe so viele Sorgen vor der Zukunft."

„Was ist in der Zukunft, Ole?"

„Dann such ich meine Mutter. Also, ich will sie sehen, wenn sie mich will. Aber der Papa wär' dann traurig, deshalb warte ich noch. Ich will Papa nicht weh tun."

Abendhöllen

Ole rollt förmlich in den Raum. Liegt lang auf der Erde, kein Blickkontakt, irrend. Nach einigen Minuten: „Ich habe Hunger!" Klagend. „Wo sitzt der Hunger?", frage ich. „Im Magen!", meint Ole, aber was der Magen brauche, wisse er nicht. Und ich weiß es auch nicht. Er möchte nur noch schlafen, meint Ole. Ich hülle ihn in eine Decke und lese ihm die Geschichte „Traumfresserchen" vor. Dabei wird Ole sehr aufmerksam.

„Das war aber lustig. Früher hatte ich auch Angstträume ... Die kamen mitten in der Nacht, wie Wirbelwinde, und ich wurde mit ganz wildem Atem wach." Er möchte sich hier sein Bett bauen wie zu Hause. „Ich muss immer um 19.30 Uhr ins Bett", sagt Ole, „ich bin dann nicht müde, aber mein Vater braucht dann Ruhe. Der wird sauer, wenn ich nicht schlafe. Wenn ich meckere, muss ich am nächsten Tag noch früher ins Bett. Und das ist dann Hölle!“ Ole senkt den Blick.

„Das klingt auch so!“, sage ich.

Ich merke, dass ich das nicht so auf sich beruhen lassen will, und frage, ob es für Ole in Ordnung ist, dass ich mit seinem Vater über die Dinge der heutigen Sitzung reden darf. Ole möchte das, weil er erleichtert ist, das gesagt zu haben.

Ausgeflippt

Nun sei er in der Schule doch kurz ausgeflippt, meint Ole. Er habe sich ungerecht behandelt gefühlt und daraufhin seine Tasche nach einem Mitschüler geworfen, sich bockig in die Ecke gesetzt, allerdings nicht den Raum verlassen. Aber nun sei gefährdet, dass er an der Klassenfahrt ans Meer teilnehmen könne. Und das mache ihn sehr traurig. Er wirkt resigniert.

„Ich will nicht mehr ausrasten! Ach, ich bin müde. Ich hab Hunger!“ Er wirft sich unwirsch auf die Erde.

„Dann lass uns hier etwas anderes probieren. Bitte nimm erst einmal ein Instrument für deine Sicherheit!“ Schnell greift er, wie so oft, zur Melodika.

„Wie klingt das, wenn du ausrastest?“, frage ich. Die Aufgabe reizt ihn offenbar.

„Da brauch ich aber mindestens fünf Trommeln!“

Er räumt Djemben zu einem Rondell zusammen.

„Und Stöcke, sonst ist das nicht laut genug!“, sagt er.

Und schon erschüttert ein einminütiges ohrenbetäubendes Fortissimo mit Trommelwirbeln den Raum.

„So ist das dann!“, keucht er.

„Was ist vorher?“, frage ich.

„Ich werde provoziert!“

Ich bitte ihn, sich die Klänge des Kontrollverlustes noch einmal innerlich vorzustellen und dabei auf seinen Atem und Körper zu achten. Er spürt intensiv mit geschlossenen Augen.

„Ich werde provoziert. Mir wird warm im Körper, ich spüre eine Spannung in meinen Fäusten. Ich fange innerlich an zu knurren!“

„Hast du noch die Kontrolle?“

„Ja, aber gleich geht's los!“

„Drück deine Spannung und den Druck gegen die Wand und knurr dazu!“

Ole macht das bis zu einem exzessiven Schrei. Er möchte mehrere Wiederholungen, immer wieder.

„Jetzt geht's mir besser. Ich kann schon was tun.“

„Bitte sag noch mal, was du genau tun kannst auf der Klassenfahrt!“

„Wenn ich es in meinen Fäusten steigen fühle, laufe ich am besten zu einer Wand. Am besten laufe ich immer an Wänden vorbei.“ Er lacht.

„Ja, das geht nicht, aber du könntest deine Wut vielleicht auch mit den Händen in den Stuhl drücken!“ Ole probiert gleich. „Die Wand ist besser, aber zur Not! Genau, und ich soll ja dann auch Hilfe holen und zu den Lehrern gehen. Ich glaub nicht, dass ich auf der Klassenfahrt ausraste!“. Er guckt stolz. „Ich bin mir sicher!“, und bläst kurz, fast innig saugend, in die Melodika.

Schwedische Mangas

Ole schleicht in den Raum, offenbar schlechter Stimmung, weicht dem Blickkontakt aus. Er redet Worte vor sich hin, die ich nicht verstehe.

„Was sagst du, Ole?“

„Nichts“, sagt Ole, „ich lerne nur Schwedisch. Also, ich kann eh ein bisschen!“ Eilig zieht er ein Wörterbuch Deutsch-Schwedisch aus der Tasche.

„Na klar“, meine ich, „deine Mutter ist Schwedin!“ Sofort verschwindet das Wörterbuch in Oles Tasche. Oles Blick geht ins Leere.

„Macht dich das traurig, Ole?“

„Nein!“ Sein Ton wird gereizt. „Nein! Ich bin nur sauer, weil Britta mir den Computer aus meinem Zimmer genommen hat. Mein Leben ist nur noch öde.“

„Öde“ wird nun auch die Atmosphäre im Therapieraum, mehrminütiges Schweigen. Ich bin hin- und hergerissen, erneut die schwierige Familienkonstellation zu bearbeiten oder eine andere Qualität des Erlebens einzubringen.

„Ich mache dir den Vorschlag: Wir suchen Musikstücke, die das Gegenteil von ‚öde' für dich sind.“ Ole guckt immerhin interessiert.

Die sechs unterschiedlichen Musikstücke auszusuchen und anzuhören, macht ihm Spaß. Sarasates Säbeltanz ist „voll das Highlight!“. Er hat solch eine Freude an diesem Stück, dass er es gleich noch einmal anhören möchte. Er tanzt einen wilden Tanz zur Musik und wirkt sehr glücklich. Dazu möchte er noch ein Manga gestalten, was auf Grund der fortgeschrittenen Zeit hier nicht mehr möglich ist. Ich schlage ihm vor, das doch zu Hause zu beginnen und in die nächste Sitzung mitzubringen.

Im Trommelbauch

Die Klassenfahrt sei toll gewesen und problemlos verlaufen, er habe auch dort täglich weiter an seinem Manga gearbeitet. Das Manga wird zentraler Punkt der nächsten Sitzungen. Ole baut viele schwedische Wortfetzen ein. Er hat eine diebische Freude, wenn ich Passagen nicht verstehe. Auch ein Lexikon Deutsch-Schwedisch hat er dabei. Die Sehnsucht nach seiner schwedischen Mutter betritt nachhaltig den Raum, besprechen möchte Ole sie nicht. Stelle ich eine Frage zu ihrer Person, wechselt er abrupt das Thema, als habe er nichts gehört.

„Vermisst du deine Mama, Ole?"

„Ich war gestern auf dem Fußballplatz, da war ein kleiner Vogel." Ole erzählt sehr eilig etwas anderes.

„Ole, ich sehe eine Frau auf dem Fußballplatz. Ich glaube, sie ist Schwedin!", werfe ich ein.

Er lacht.

„Ole, du wechselst das Thema und ich merke das!"

Wieder lacht er, wird aber nun ernst.

„Ich will das nicht!" Er klettert, und ich bin sehr überrascht, mit Beinen und Füßen in den Bauch der großen Djembe.

„Und jetzt?", frage ich erstaunt.

„Spielen sie einen guten Rhythmus!", meint er und ich spiele dezent los, vor der Djembe knieend und mit Blick auf einen mit geschlossenen Augen genießenden Ole. Immer wieder mal gibt er kurz eine Spielanweisung. „Lauter, lauter!" Anschließend gar klettert er mit seinem Kopf hinein. Ich trommle sehr verhalten.

„Mehr!“, sagt Ole, eine Form des Kontaktes zu mir suchend, die in den nächsten Sitzungen bestimmend wird. In die Trommel zu kriechen, scheint ihm eine kindliche Regression zu ermöglichen, erlaubt ihm, sich sehr klein zu fühlen. Manchmal nimmt er eine japanische Flöte dazu und improvisiert über meine Grundrhythmen.

„Jetzt bin ich zufrieden und ruhig!“, sagt Ole mehrfach.

„The End“

Ole verpasst die nächsten zwei Sitzungen und das ist eine Premiere. Er habe es einfach vergessen, sagt er und ich glaube ihm nicht ganz. Er wirkt sehr erwachsen heute, seine Stimme ist tiefer bei der Begrüßung. Er setzt sich in großem Abstand zu mir hin. Pubertät und Ablösung betreten den Raum.

„Sag mal, Ole, sind wir am Ende der Therapie angekommen?“, frage ich direkt.

„Nein!“, sagt Ole, wegschauend. Schweigen. Ich bleibe hartnäckig.

„Bitte, Ole, spür mal genau, was jetzt ist!“

„Ich spüre deutlich, dass es zu Ende ist!“, sagt Ole sehr klar und sehr ernst schauend, so dass ich nun fast überrascht bin.

„Und nun?“, frage ich.

„Ich bin jetzt traurig!“, flüstert Ole und ich bin das auch. Ole fragt, warum er am Anfang hierhin gekommen sei.

„Überleg mal, lass dir ruhig ein bisschen Zeit, Ole!“

„Natürlich, ich weiß. Irgendwie war das hier ein Ruheraum für mich. Hier konnte ich mich erholen, wie in einer Pause. Ich bin nicht mehr hyperaktiv. Ich habe mich im Griff. So was wie früher, das passiert mir nicht mehr."

Er wünscht sich, dass ich ihn, wie früher öfter, in Decken packe, komplett zudecke, so dass es dunkel ist. Lange Stille.

Eine Hand klettert aus den Decken.

„Sehen Sie die!", fragt Ole, „Wissen Sie noch?"

„Natürlich, Ole!", sage ich sanft und empfinde erneut eine große Nähe.

„Ich bin bedrückt", sagt Ole fest, „eine wichtige Sache, meine Einzeltherapie, geht zu Ende."

„Drück das Bedrückte in meine Hand, Ole!", fordere ich sanft auf und so sitzen wir ein paar Minuten.

„Ist es der richtige Zeitpunkt, Ole?", frage ich.

Wortlos springt Ole auf, nimmt eilig ein großes Papier. Er malt sehr intensiv. Einen Computer, einen Hund rot-gelb, den er schwarz umrahmt, seinen Namen, farbig, schwarz umrahmt. Schwarz in den Bildschirm schreibt er „The End".

Ich bin nach der letzten Stunde traurig. Ich kann deutlich sehen, dass unsere Arbeit Ole weiter gebracht hat. Die Möglichkeit, in der Regelschule zu verbleiben, konnte er nutzen. Das Unglücklichsein in seiner Familie bleibt bestehen – da geht zu diesem Zeitpunkt nichts mehr.

Kommentar:

Oles Vater befindet sich in einer ähnlichen Situation wie viele Eltern: Einerseits sind sie mit ihrem Latein am Ende, andererseits wollen sie ihrem Kind irgendwie helfen. Sie spüren die Not des Kindes, was wiederum ihre Hilflosigkeit und ihren Druck erhöht, der wiederum den Druck verstärkt, den das Kind spürt usw. Eine Kettenreaktion, die die Not aller Beteiligten vertieft.

Der Beginn einer Therapie kann der Schritt sein, solche sich verstärkenden Kreisläufe zu unterbrechen. Das Kind bekommt eine neue Chance – und damit auch der Vater und die Lehrerinnen und Lehrer.

Die Überschrift über Oles Innenwelt könnte lauten: Ich bin falsch. Auch er ähnelt darin zahlreichen anderen Kindern mit sog. „ADS" oder „ADHS". Ich bin nicht richtig, ich ecke immer an, ich mache alles kaputt, keiner hält mich aus, ich kann keine Freunde haben, niemand hat mich gern, niemand kann mich gern haben ... Solche Sätze hören wir zuhauf. In verschiedenen Formulierungen, in tausend Varianten, aber immer mit dem gleichen Tenor: Ich bin falsch!

Dieses „Ich bin falsch!" ist weder angeboren noch vom Himmel gefallen noch Ergebnis eines veränderten Serotonin-Haushalts im Gehirn. Es ist Produkt einer Lebensgeschichte, Folge dessen, welche Erfahrungen das Kind gemacht hat und wie es diese verarbeitet hat. Das „Ich bin falsch!" entsteht nie nur aus sich heraus, es hat immer auch einen sozialen Aspekt: Es ist Ergebnis davon, wie andere Menschen das Kind sehen und beurteilen; und es ist umhüllt von einer dicken Schicht der Resignation, denn wer sich für „falsch" und unaushaltbar hält, ist einsam. Zutiefst einsam. Diese Einsamkeit trägt Ole nicht auf einem Plakat vor sich her, er versteckt sie hinter seinen

„Symptomen", ähnlich wie seine Schuldgefühle oder die Scham über das Einnässen.

Wenn ein Kind wie Ole in Selbstabwertung und Einsamkeit gefangen ist, braucht es keine Belehrungen und Verbesserungsversuche. Im Gegenteil, jedes Bemühen, Ole zu verändern, wäre von ihm sofort als Bekräftigung aufgefasst worden, dass er „falsch" sei. Was Ole brauchte, war ein Beiseite-Treten von dem Weg, nie richtig zu sein, ein Schritt weg vom Herumkritteln, weg vom Druck, weg von der Anstrengung. Diesen Schritt machte die Therapeutin durch drei Angebote:

- *Erstens begann sie den Kontakt zu Ole nicht mit einer Problemaufzählung, sondern sagte: Ich interessiere mich für dich.*
- *Zweitens teilte sie Ole und dem Vater schon im Erstgespräch etwas von sich mit, erzählte, dass sie in ihrer Resonanz „Anstrengung und Resignation" und Oles Trauer spüre. Da wurde etwas gesehen, das bei Ole sonst kaum gesehen wurde, was hinter der Nebelwand von Hyperaktivität und all dem Anecken verborgen blieb.*

  Bei vielen anderen Kindern haben wir gesehen und beobachten wir immer wieder, dass Interesse und ehrliche Resonanz wie Türöffner wirken und Wege eröffnen, bei den Kindern „anzudocken". Voraussetzung ist, dass sich die Therapeutin oder der Therapeut um eine innerlich und äußerlich offene Haltung dem Kind gegenüber bemüht. Die Kinder haben dafür ein äußerst feines Gespür, ob jemand mit Vorverurteilungen an sie herangeht oder nicht.
  Offenheit wird erwidert.
- *Ein Drittes kam noch hinzu: Ole brauchte seine Innenwelten, das was er erlebte, nicht nur in Worten auszudrücken (obwohl*

Ole ein Künstler in Worten ist), sondern mit Instrumenten und anderen Mitteln. Die Stille erklang, die Schuld erhielt Farben und wenn er Angst hatte, dass ihm etwas zu viel wurde, oder wenn er sich schämte, baute er sich aus Decken ein Versteck. So wurden seine Innenwelten sichtbar, für ihn selbst und andere.

Mit dem Andocken und dem kreativen Ausdruck allein ist es nicht getan, wenn auch die kurzen Beispiele zeigen, dass immer dann, wenn der therapeutische Prozess mit Ole ins Stocken kam, kreative Ausdrucksmöglichkeiten wieder Bewegung brachten. Wenn dem Kind deutlich wird, woran es leidet, und es zu spüren beginnt, was es braucht, dann kann es diesen Weg in der Regel noch nicht allein gehen, dann muss es das Neue erst ausprobieren, suchend, tastend, zwei Schritte vor und immer wieder einen zurück. Die Therapeutin wird zur nährenden Mutter, spiegelt Ole, wie sie ihn sieht, und ist auch als Gegenüber, wenn dafür ein vertrauensvoller Boden vorhanden ist, fordernd und konfrontierend.

In diesem Bericht werden auch die Grenzen deutlich, an die unsere therapeutische Arbeit mit Kindern stößt. Selbstverständlich machen wir Fehler und selbstverständlich haben sich manchmal Arten und Weisen des Erlebens und Verhaltens der Kinder wie Spurrillen so tief eingegraben, dass Veränderungen nur langsam und sehr schwer möglich sind. Die Hauptschwierigkeit besteht aber darin, dass die Beziehung zwischen Therapeutin und Ole nur einen Teil des sozialen Systems ausmacht, in dem Ole lebt. Im geschützten Raum der Therapie kann Ole Erfahrungen machen, neue Erfahrungen, die auch in Schule und Familie hineinwirken. Doch verfügen wir Therapeut/innen über begrenzte Möglichkeiten, auf die soziale Umwelt des Kindes einzuwirken. Oles Therapeutin spricht mit den Lehrerinnen bzw. Lehrern und dem Vater. Doch die Einflussmög-

lichkeiten auf ein solch beharrliches System wie die Schule sind begrenzt. Und wenn Teile der Familie, wie in Oles Beispiel Britta, nicht mitwirken wollen, kann die Therapeutin nichts tun, außer dieses Verhalten und die Folgen für das Kind ernst zu nehmen.

Doch um die Therapie geht es hier in diesem Buch nur am Rande. Dieser Beitrag soll vor allem zeigen, dass die Innenwelten der Kinder nie statisch sind. Wenn ein „Andocken" gelingt, verändert sich die Art und Weise, wie Kinder sich und ihre Welt erleben. Entscheidend ist, dass eine neue Beziehungserfahrung entsteht. Daraus entwickelt Ole eine neue Selbsteinschätzung, die wiederum zu veränderten Beziehungen mit anderen führt (Klassenfahrt, Freunde, Lehrerinnen, Lehrer). Solche Erfolgserlebnisse stärken das Selbstwertgefühl usw. All das wird von Rückfällen und vielem Hin und Her begleitet. Wesentlich ist, dass aus dem negativen Kreislauf nun eine positive, sich selbst verstärkende Kettenreaktion entsteht.

Ein Thema ist noch zu erwähnen, das sich wie ein roter Faden durch Oles Geschichte zieht und uns in jeder, aber wirklich jeder Arbeit mit Kindern mit der „ADS/ADHS"-Diagnose begegnet: der Druck. Ole steht unter Druck, sein auffälliges Verhalten, sein Ausflippen, sein Bettnässen, all das ist ein Seismograf für seinen inneren Druck. Und seine Umgebung steht unter Druck. Der Vater beruflich, Britta sicherlich als „Stiefmutter", die Oles Mutter zu ersetzen versucht, die Lehrerinnen und Lehrer, in der heutigen Gesellschaft ist „in" und „normal", unter Druck zu stehen. Ole und andere hochempfindsame Kinder reagieren sehr intensiv auf Druck, fungieren als Dampfkessel, wenn der Druck in ihnen und in ihrer Umgebung zu stark wird. Die Therapeutin sagte zu Oles Vater, dass alles hilft, was den Druck verringert. Oft liegt darin das Beste, was Eltern und Erziehende für diese Kinder tun können: den eigenen Druck verringern!

U.B.

3

Udo Baer

Familienszenen – Kindergartenkinder und ihre Eltern

Auch Kinder im Kindergartenalter erzählen über ihre Innenwelten, allerdings nur teilweise in Worten, mehr über ihr Verhalten. Deswegen habe ich zwei Szenen aus Eingangskontakten mit Kindern in diesem Alter und ihren Familien beschrieben.

„Da kann man nichts machen."

René, 5 Jahre,
betritt mit seiner Mutter den Therapieraum. Erstgespräch.

René schaut sich schon beim Eintreten mit großen, staunenden Augen im Therapieraum um. Mit hektischen Blicken mustert er alles, auch mich.

„Wir sind hier, weil der Arzt gesagt hat ...", beginnt die Mutter und schon erhält sie einen Schlag auf die Oberschenkel.

Sie reagiert nicht und redet weiter: „Ich war ja schon überall ..." – und sie erhält einen Tritt ans Schienbein.

Die Mutter ruft mit klagender, eher kläglicher Stimme: „Das sollst du doch nicht!" Und wendet sich wieder mir zu. Als sie weiter reden will, schreit René sie an: „Arschloch! Arschloch! Arschloch!"

Die Mutter blickt mich entschuldigend an und sagt: „Da kann man nichts machen."

Ich staune. Zur Mutter sage ich: „Entschuldigen Sie bitte", nehme René am Arm und führe ihn zu einem Berg voll Decken, Kissen und Matten. „Ich möchte, dass du hier eine Burg baust, während ich mit deiner Mutter rede. Danach komme ich zu dir und spiele mit dir."

Er schaut mich verwundert an, geht einige Schritte zurück, nimmt Anlauf und schmeißt sich aus vollem Lauf in den Decken/Kissenberg.

Ich gehe zur Mutter und stelle einige Fragen. Ein kurzes Gespräch ist möglich. René kommt währenddessen immer wieder zur Mutter, haut, tritt oder beschimpft sie kurz, rennt dann zum Decken/Kissenberg zurück und wirft sich hinein.

Von der Mutter erfahre ich, dass sie alle möglichen Beratungsstellen aufgesucht hat, aber immer, wenn ihr oder dem Kind oder der Familie eine Therapie vorgeschlagen wurde, meinte, es würde auch ohne diese besser: „Mein Junge braucht keine Therapie!“ Und wieder rennt René gegen sie an. Sie lächelt entschuldigend: „Ich werde mit dem Jungen nicht fertig. Sie sehen ja. Da kann man nichts machen.“

Diesen Satz wiederholt sie im Verlaufe unseres Gespräches immer wieder. Während des gesamten Gesprächs zeigt sie René keinerlei Grenzen und redet über ihn, als wäre er nicht dabei. Mutter und Sohn strahlen auf mich jeweils eine große Einsamkeit aus. René rennt zu ihr, ist aber nach einem Schlag oder Tritt wieder weg. Sie bewegt sich zentimeterweise zu ihm hin, stoppt aber in dieser Bewegung ab, spricht nicht zu ihm, sondern sagt zu mir: „Da kann man nichts machen.“

Ich frage die Mutter: „Wo ist der Vater?“ René hört das Wort „Vater“ und rast blitzschnell zur Mutter, stellt sich neben sie und horcht auf ihre Antwort. „Der ist nicht da. Der kann da auch nichts machen.“ Es stellt sich durch Nachfragen heraus, dass er immer zu Hause vor dem Computer sitze und Solitaire spiele und offenbar für René nie da ist. Der Vater sei depressiv und entziehe sich jedem Kontakt und jeder Verantwortung. Und wieder klatschen beide Fäuste Renés auf die Oberschenkel der Mutter.

Ich schlage der Mutter vor, dreimal zu mir zu kommen, allein, um mit mir praktisch zu üben, wie sie für René eine Mutter sein kann, die „etwas machen kann“. „Und jetzt bitte ich Sie, draußen zu warten, bis ich eine Weile mit René gespielt habe.“

Als die Mutter den Raum verlässt, blickt René ihr erstaunt, ja fassungslos hinterher, als habe er damit nicht gerechnet. Er rennt zu den Kissen und Decken und versteckt sich in dem Berg.

Ich gehe auch dorthin und baue mir auch ein Versteck. „Ich habe dir versprochen, mit dir hier zu spielen. Also los!"

Wir wühlen in den Kissen, ein wenig suchend und tastend. Ansätze einer Burg entstehen, fallen aber sofort wieder um oder werden umgestoßen.

Als wir uns näher kommen und durch eine Decke hindurch beinahe berühren, rennt René weg, zu den Musikinstrumenten, und will mit einer Flöte auf die Trommel hauen. Ich rufe, voller Angst um die Instrumente: „Nein, die gehen kaputt!" René ignoriert mich. Also sprinte ich hinterher und fasse René am Arm. Er kratzt und schlägt. Ich lasse nicht los, halte ihn fest. Erst wütet er, dann beginnt sein Gesicht immer mehr zu leuchten. Ein Ringkampf entsteht ...

Fünfmal treffen wir uns. Je eine Stunde lang kämpfen wir. Mit Regeln und ohne Regeln. Er betritt den Raum und versucht, mich wegzudrücken. Das ist sein Lieblingskampf. Zu schlagen, zu treten und zu kratzen ist mittlerweile verboten. Zu drücken ist erlaubt und zu schieben und zu ziehen und zu kitzeln und mit Kissen zu werfen und eine Schlacht mit Zeitungspapier auszufechten usw. In der letzten Stunde setzt er sich auf eine große Decke und ich bin sein Pferd und ziehe ihn ...

Direkten Kontakt suchte René, greifbar und handfest.

Kommentar:

Oftmals sind Mütter von Kindern wie René so bestimmt von Gefühlen, versagt zu haben, von der Schuld, eine Ehe zu führen, die dem Kind vielleicht nicht gerecht wird, dass sie drohen, in resignativer Ohnmacht zu versinken. Dies geht manchmal, wie auch bei Renés Mutter, so weit, erforderliche Hilfe nicht annehmen zu können, wird doch Therapie als ein Ort vermutet, an dem neuerlich Schuld und Versagen zugewiesen wird. Tragischerweise müssen auch den Weg in die Therapie oftmals Mütter alleine gehen, haben den Eindruck, erneut alles allein auf sich nehmen zu müssen: die Scham, das „tobende" Kind und die eigene Erziehungsnot präsentieren zu müssen, sich den vielleicht kritischen Äußerungen von Therapeutinnen oder Therapeuten zu stellen und Schwieriges zu Hause dem abweisenden Partner übersetzen zu müssen. Nicht nur allein lebende Mütter sind allein erziehend – allzu oft ist dies leider auch wie im beschriebenen Beispiel in nicht getrennt lebenden Familien der Fall.

René und seine Mutter haben etwas gemeinsam: Sie fühlen sich verlassen vom Vater/Partner und einsam. Dies empfindet der Therapeut in seiner Resonanz. René gibt seiner Aggression Raum, an dem Menschen, der zur Verfügung steht: seiner Mutter. Er möchte sich spüren, sucht Kontakt, indem er tritt, schlägt und beschimpft. Grenzenlos. Die Mutter hat resigniert, lässt sich bis zur Entwürdigung behandeln.

Hier eröffnet der Therapeut der Mutter neuen Handlungsspielraum, zeigt Wege aus ihrer ohnmächtigen Entwürdigung, steht als Erziehungspartner an ihrer Seite, gibt entlastende Rückendeckung und bietet René einen männlichen greifbaren Spiel- und Kampfpartner, der Grenzen setzt und da ist. Er sieht René und nimmt ihn ernst, er über-

geht seine aggressiven Handlungen nicht, als wäre nichts geschehen. René tritt und schlägt nicht mehr ins Leere. Wesentliche erste Schritte!

W.B.-G.

„Die steht oft auf dem Kopf."

Luzie, 6 Jahre alt,
kommt mit Vater und Mutter in ein Erstgespräch. Die Eltern sind besorgt, weil die Ärztin bei einer Untersuchung im Kindergarten von ADHS gesprochen hat und eine Abklärung empfohlen hat, um möglicherweise ein Medikament zu verabreichen.

Beide Eltern wirken freundlich und offen. Ein Elternteil ist immer mit Luzie beschäftigt, das andere redet mit mir, so gut es geht.

Ich komme mir schnell vor, als wäre ich in einer Rateshow. Denn Luzie fragt. Ununterbrochen. „Was ist das für ein Instrument?"

„Eine Trommel."

„Das seh' ich. Wie heißt die genau?"

„Eine Conga."

„Wieso kommt da ein Ton raus, wenn man drauf haut?"

„Weil das Fell schwingt und dann Schallwellen in der Luft den Ton machen."

„Schallwellen brauchen doch einen Resonanzkörper."

Ich staune mal wieder über den Wortschatz und die Neugier eines 6-jährigen Kindes.

„Der Resonanzkörper ist der Körper der Trommel."

„Klingt das anders, wenn man einen Arm in die Trommel steckt? Und ändern sich die Schwingungen, wenn es im Raum wärmer wird?"

Eine Frage nach der anderen. Die Eltern merken meine Verwirrung und beginnen selbst zu antworten. Sie sind gut eingespielt. Ein Elternteil antwortet immer, das andere redet mit mir oder zur Partnerin bzw. zum Partner. Offensichtlich haben sie gelernt, mit einem Teil ihrer Energie sich mit Luzie zu beschäftigen und parallel dazu etwas anderes zu tun.

Und Luzie fragt und fragt. Die Eltern erzählen, dass Luzie schon immer so war. Neugierig. Nie satt, immer hungrig auf neue Antworten.

Plötzlich schrecken die Eltern auf: Luzie hat schon seit mehr als einer Minute nichts mehr gefragt! Was ist los? Wo ist sie? Sie schauen sich suchend um.

Da in der Ecke des Raums ist Luzie. Sie steht in einem perfekten Kopfstand auf dem Kopf. Als sie unsere Aufmerksamkeit bemerkt, sagt sie: „Ich schau mir den Raum mal von der Perspektive an." Luzie benutzt Wörter, die bei einer Sechsjährigen erstaunen. „Das hat sie vom Fernsehen", erklärt der Vater und fügt hinzu: „Die steht oft auf dem Kopf."

Die Mutter sagt: „Luzie, das macht man doch nicht." Sofort wird Luzie unruhig, läuft hierhin und dorthin, weiterhin dabei Fragen stellend. Sie legt sich auf den Boden und schaut. Sie setzt sich so auf den Stuhl, dass ihr Kopf unter dem Tisch hervorlugt und schaut. Sie nimmt ständig neue Blickwinkel ein ...

Von einer Aufmerksamkeitsstörung kann ich bei Luzie nichts feststellen. Unruhe ja. Aber kein Aufmerksamkeitsdefizit. Eher das Gegenteil! Ich schlage den Eltern vor, einen Intelligenz- und Begabungstest mit Luzie durchführen zu lassen. Bei Luzie wird eine so hohe Intelligenz festgestellt, dass sie mit den Tests für dieses Alter nicht mehr messbar ist.

Bei dem Treffen danach waren die Eltern beruhigt („Nun wissen wir wenigstens, warum sie so ist.") und beunruhigt („Wie sollen wir das packen?"). Als Luzie während des Gesprächs wieder die Perspektive wechselt und sich den Raum vom obersten Brett des Bücherregals aus anschaut, ruft die Mutter in fast pastoralmoralischem Tonfall erneut: „Das darf man nicht." Luzie reagiert wieder allergisch und rennt, nachdem sie der Vater vom Regal gehoben hat, wild umher. Ich schlage der Mutter vor, einen Satz zu sagen, der mit „Ich will ...!" anfängt. Sie ist verwundert und probiert dann: „Ich will, dass du jetzt hierhin kommst!"

Luzie stockt, fragt: „Warum?" – und kommt zur Mutter.

Der Vater hatte währenddessen gequält geschaut, auch wenn er versucht hatte, die Unruhe zu ignorieren und auf Luzie einzugehen. Als ich ihm vorschlage, Luzie zu sagen, worauf er stolz bei ihr ist, ist er es, der fragt: „Warum?" Ich sage ihm, dass ich vermute, dass er auf Luzie stolz ist, dass Luzie das aber noch nicht oft gehört hat, zumindest nicht konkret."

Er überlegt, nickt dann. Und beginnt: „Luzie, ich bin stolz, dass du so klug bist. Ich bin stolz, dass du schon allein den Tisch decken kannst. Und dass du so neugierig bist, auch wenn das mir, ehrlich gesagt, manchmal auf den Nerv geht. Ich bin stolz, dass du ..." Luzie hört zu. Und fragt nicht.

Kommentar:

Oftmals ist das Wort „ADHS“ in aller Munde, wo Kinder allenfalls dem „ADS/ADHS“-ähnliche Aspekte in ihrem Verhalten zeigen. Gerade Kindern, die durch ihre Hochbegabung ihrer persönlichen und individuellen Neugier folgen, wird schnell ein Aufmerksamkeitsdefizit angedacht, zeigen sie doch Phänomene wie Unruhe, scheinbares Ungerichtetsein, wirken sie doch abgelenkt. So auch bei Luzie. Luzie hat mit hyperaktiven Kindern gemeinsam, dass sie hohe Aufmerksamkeit einfordert. Dies kann zu störenden sozialen Auswirkungen führen – auch in diesem Gespräch ist immer ein Elternteil mit Luzie beschäftigt. Insofern kann es sinnvoll sein, die Ursache der Unruhe abzuklären. Nicht immer heißt jedoch: Hochbegabung – kein „ADHS“ – keine Therapie. Die Nöte und Schwierigkeiten von hochbegabten Kindern brauchen oftmals gerade therapeutische Unterstützung, damit das spezielle Anderssein nicht in Isolation endet oder sogar zu späterem Schulversagen führt. Manche Aspekte des Erlebens sind dem „ADHS“ ähnlich, gerade auch für die Eltern, die sich verständlicherweise wie im beschriebenen Beispiel schnell ausgelaugt und vom geistigen Hunger aufgefressen fühlen können.

W.B.-G.

4

Waltraut Barnowski-Geiser

Geschichten aus dem Innen

Wenn Kinder und Jugendliche zur Therapie oder Beratung kommen, wissen sie manchmal gar nicht so genau, warum. Oftmals werden sie von Lehrern oder Eltern geschickt, manchmal kommen sie von alleine. Auch wenn sie aus eigenem Bedürfnis kommen, scheinen sie oft von einem unbestimmten, unklaren und unguten Gefühl angetrieben zu sein, das sie nicht genau benennen können. Sie fühlen sich in einer Not gefangen, die sie nicht „be-greifen“ können, die sie selbst nicht verstehen. Gemeinsam ist den meisten hyperaktiven Kindern und Jugendlichen, dass sie einen großen Wunsch zu erzählen verspüren, dass Worte heraussprudeln möchten, dass sie wollen, dass ihnen zugehört wird. Ich habe Geschichten, die mir Menschen erzählt haben, als Gedächtnisprotokolle notiert und sie hier wiedergegeben. Zwischenfragen und Anregungen meinerseits habe ich zugunsten des Erzählflusses zumeist weggelassen.

„ ... alles so im Spaß, glaube ich!“

Hanno, 13 Jahre
Selbstanmeldung in der schulischen Beratung, 1.Sitzung

„Ich komme hierhin, weil ich mal so was wie ein Tagebuch brauche. Ich schreib nicht gerne in Tagebücher, aber Sie haben ja bei Ihrer Vorstellung in unserer Klasse gesagt, dass man zu Ihnen kommen kann, wenn man ein Problem hat. Ich möchte mich hier mal richtig ausreden, so, wie in ein Tagebuch eben ... Ich hab nicht so genau ein Problem, ich weiß eigentlich nicht, was ich hab. Ich bin, glaube ich, ein bisschen verrückt ...“

Hanno grinst unsicher, verzieht sein Gesicht zu einer Grimasse, mehrfach hintereinander, seine Augenlider flackern. Er wackelt sehr mit Armen und Beinen, knipst die Augen immer wieder zusammen.

„Also, ich nerv immer so, also alle, meine ich, echt! Meine Mutter sagt, dass das schon immer so war. Ich hab schon immer genervt, schon als Baby. Schon so ganz klein war ich richtig schlimm, das sagen alle. Meine Mutter hat mir manchmal die Beine mit Tesakrepp am Stuhl festgeklebt, also alles so im Spaß, glaube ich, weil die mein Beinewackeln nicht mehr aushalten konnte, mich halt so festgemacht, damit sie mich in Ruhe füttern konnte. So ein Monsterbaby war ich! Ich weiß das nicht mehr, aber das erzählen alle. Meine Mutter kann das auch jetzt noch nicht haben, wenn ich so mit den Beinen wackele!“

Hanno macht eine schwingende Dauerbewegung im Unterschenkel vor.

„So: rappel, rappel! Ich nerv einfach alle!

Deshalb sitze ich ja auch am Einzeltisch, die halten mich nicht aus sonst.“

Er lacht nervös.

„Ich weiß eigentlich nicht, warum ich alle nerv. Ich bin auch selber andauernd genervt, so wegen Krieg oder Tsunami oder so, oder, dass eine Bombe platzt. Wenn irgendwas komisch knallt, denke ich, da sind die Terroristen. Das ist ja auch immer so viel, so. So auch mit dem Papst jetzt, so der zweitgrößte Mensch nach Jesus stirbt, ist einfach weg, das muss man sich mal vorstellen. Da hab ich schon Angst auch ... Mein Vater, der ist auch genervt. Also, der ist auch verrückt, wie ich. Der macht immer Witze, wo das gar nicht passt, da, wo man gar nicht lachen kann. So voll übertrieben. Mein Vater ist richtig peinlich. So wie ‚Mein dicker peinlicher Verlobter.'"

Er kichert unsicher, schielt in mein Gesicht.

„Also, wenn ich neben dem durch die Stadt geh, dann macht der einen Quatsch, der hüpft auf dem Bürgersteig und springt über Bänke und singt und so, so, wo das gar nicht passt. Der ist eben so hektisch, der nervt. Deshalb geh ich mit dem nirgendwo hin, das ist mir zu peinlich. Wenn die anderen mich mit meinem Vater treffen würden, dann fänden die mich ja noch blöder, wenn die sehen, was ich für einen Vater hab! Oh Gott!"

Hanno hält sich die Hand vor den Mund und wackelt mit dem gesamten Oberkörper hin und her. Suchend und gebeugt sieht er aus.

„Ich sag meinem Vater lieber nicht, wie peinlich ich den find. Ich lach lieber über die Witze, sonst wird der nämlich sehr sauer. Sehr, sehr sauer. Wenn mein Vater sauer wird, das ist nicht witzig. Booah, der kann schreien!"

Er macht große Mundbewegungen und bewegt den Kopf wild.

„Booah. Also, mein Opa, der schreit ja auch, aber nix gegen meinen Vater. Mein Opa ist nicht so schlimm im Schreien wie mein Vater!“

Hanno sinnt ...

„Mein Opa, der ist richtig nett zu mir, manchmal. Der sagt: Aus dem wird mal ein richtiger Handwerker, das seh’ ich. Dann freu ich mich. Weil ich ja immer alles so schnell bringe, wenn mein Opa was repariert, so Fernseher oder so. Ich lauf immer los, bevor der das braucht. Dann hab ich das Gefühl, dass ich was nütze. Mein Vater sagt, dass ich nicht zu gebrauchen bin. Ich bin ja hyperaktiv, ich war schon mal in einer Klinik vor zwei Jahren. Papa meint, der wusste schon immer, dass mit mir was nicht stimmt ... Aber der Opa, der freut sich, wenn ich komm, also manchmal, weil der ist ja auch Handwerker. Manchmal träum ich, dass ich in ein Zimmer käm’ und da wären alles kaputte Fernseher, die ich mit meinem Opa reparieren müsste, und wir könnten gar nicht mehr aufhören, tagelang. Ich wär’ gern ein Handwerker, aber dafür muss man gut sein in der Schule, auch im Kopf. Und ein bisschen Plemplem ist nicht so gut!“

Er macht eine passende Handbewegung.

„Der Opa sagt manchmal: Was bist du für ein heller Kopf, Bursche. Der Opa nennt mich Bursche, dann klopft mein Herz doll viel. Ich red auch wieder so viel, jetzt. Ich rede schon immer viel, schon im Kindergarten, die Frau M., die hat mir mal ein Pflaster auf den Mund geklebt, also, ich denk mal aus Spaß, so, damit die Worte nicht mehr so rauslaufen. Aber das war kein schönes Gefühl, so der Mund so zu, und die anderen, die haben über mich gelacht und so mit dem Finger auf mich gezeigt und ‚Quasselhanno’ gerufen. Das hab ich meinem Papa lieber nicht erzählt, weil dann ist der genervt und schreit vielleicht im Kindergarten.

Das ist peinlich. Ich erzähl so gerne, sowieso egal, mir hört keiner zu, keiner. Nur manchmal so, bei Geheimnissen, die ich nicht erzählen soll. Meine Mutter sagt ganz oft: Hanno, das darfst du nirgendwo erzählen, aber das schaff ich nicht. Also, wenn meine Mutter schreit oder mein Vater, dann soll ich das nicht sagen. Oder so, dass wir kein Geld haben, das ist meiner Mutter peinlich, so voll! Mann, aber mir rutscht das immer so raus, was ich nicht sagen soll. Und die andern, die merken doch eh, dass ich keine Markenklamotten hab. Also, das sieht man ja, deshalb bin ich nicht cool oder so. Wenn ich irgendwas nicht sagen soll, so, dass wir kein Geld haben oder so, dann muss ich die ganze Zeit daran denken, immer, und dann, wenn ich im Unterricht irgendwas gefragt werde, dann weiß ich nix. Die andern ärgern mich dann so: Hanno, in Traumhausen? Ich rappel' dann ganz viel mit den Beinen, weil die Worte nicht rauskönnen, also nicht die richtigen. Und dann komm ich an Jans Stuhl und dann gibt's Saures. Weil den nerv' ich erst. Der ist der Stärkste in unserer Klasse. Der zeigt dann so eine Faust, so ..."

Hanno macht das mit seiner Faust vor.

„Das heißt, nachher kriegst du ein paar. Oh, dann rappel ich so richtig ...

Seit meine Oma tot ist, ist meine Mutter auch hektisch. Die wackelt auch mit den Beinen. Aber wenn ich das sage, sagt die: ‚Werd bloß nicht frech, Hanno! Das sag' ich sonst dem Papa!' ...

Ich kann dann nicht einschlafen. Ich kann eigentlich nie einschlafen. Das ist immer so laut im Wohnzimmer und ich denk, dass die sich gleich streiten, und ich denk an Oma, ich glaub manchmal, dass die auf mich aufpasst. Das ist voll verrückt ... Ich möchte auch nicht mehr an meine Oma denken, denn dann werd' ich traurig. Meine Mutter ist auch noch traurig, wegen meiner

Oma, so, die sagt, da müssen wir durch, ‚Tapfer sein, Hanno!' Klappt irgendwie nicht. Ich geh meistens nach draußen. Das ist ja so eng. Wir haben ja nur die kleine Wohnung und meine Schwester muss ja schlafen und der Papa hat ja Schicht und so. Ich spiel' draußen Fußball. Das ist toll, dann vergess' ich alles von drinnen. Ich kann das nicht gut, das Fußballspielen meine ich. Ich treff' manchmal nicht, aber ich bin schnell. Markus sagt immer: ‚Jetzt kommt Sprinter!' oder ‚Geh, Sprinter, geh!' Dann freu ich mich, auch wenn ich nicht so gut treffe. Ich möchte gerne in einen Fußballclub. Aber Papa meint, dass ich dann schon wieder irgendwo Ärger mach. Ich würd' da gerne rein in so eine Mannschaft. Vielleicht würd' ich ja dann mal einen Freund kriegen. Ich hätte nämlich gerne einen. Mich lädt nie einer ein, so zum Geburtstag oder so, und ich kann ja auch nicht einladen, das ist so eng. Da sind ja auch immer meine Tanten und die nerven den Papa schon genug und der sagt dann: „Werd' bloß nicht wie die Weiber! Quasseln tust du ja schon so!' Und dass Nadine schlafen muss und ich ruhig sein soll! ...

Eigentlich sind bei uns alle genervt oder lustig, glaube ich. Mehr genervt. Sogar mein Hamster, der ist nicht normal. Der rast wie ein Irrer durch den Käfig. Ich schrei den manchmal an und schrei: He, du darfst nicht so verrückt sein, du Kampfhamster, du Trottel! Der ist verhaltensgestört. Hyperaktiv, echt!"

Hanno lacht ...

Kommentar:

Wenn Hanno lacht, bleibt einem das Lachen im Halse stecken. Wenn er Grausamkeiten erzählt, die er erlitten hat, wird deutlich, wie er damit allein blieb und sich tröstet: „So im Spaß, glaub ich jedenfalls." Viele Themen, denen wir bei fast allen hyperaktiven Kindern begegnen, führt Hanno auf:

- *Er fühlt sich „falsch" und wertet sich ab.*
- *Er ist einsam und schämt sich.*
- *Er weiß nicht, wohin mit seiner Erregung.*
- *Er will etwas loswerden, sprudelt aus sich heraus, was auch zeigt, wie wenig Gehör er sonst findet.*

Aber auch die Sehnsucht nach etwas anderem tritt auf, wenn der Opa lobt, ihm Anerkennung zeigt. Auch beim Fußball wird Hanno wegen seiner Geschwindigkeit gelobt. Groß ist die Sehnsucht, nicht nur als „nervend" gesehen zu werden.

U.B.

„Erst ist da Nebel."

Philipp, 12 Jahre,
kommt auf Anraten seiner Lehrer für ein Jahr in die Einzel- und Gruppentherapie, da er in unkontrollierte Wutattacken fällt, in denen er gewalttätig wird und für andere nicht mehr erreichbar erscheint.

Phillip erzählt, er leide unter seinem Ausrasten. Es sei halt nicht schön, wenn er andere anspucke, weil es dann ja mächtig Ärger gäbe. Von seinen Ferien möchte er nichts erzählen, denn da gäbe es ein Geheimnis. Und Geheimnisse brauche er, den anderen Kindern gegenüber.

„Wozu sind die Geheimnisse gut?"

„Ohne Geheimnisse bin ich nicht sicher!"

„Was ist so ein Geheimnis?"

„Spitznamen!", sagt er verschämt, wie „Wursti" und ... Die sage ich den anderen nicht! Damit die auch nicht wieder damit anfangen."

„Finde ich gut, dass du den anderen Kindern die nicht sagst. Ich höre, dass du oft verletzt worden bist!"

„Ja, ich will an die auch nicht mehr denken, aber manchmal kommen die einfach hoch, so. Dann raste ich aus. Meine Mutter meint, ich solle alles, was mich verletzt, in die Hände nehmen und wegschmeißen, aber das klappt nicht!", sagt er resigniert.

„Klingt, als würde viel auf dich einstürmen. Wie könntest du dich schützen?"

„Durch Schutzmauern. Aber die müssten riesig hoch sein!"

„Bau die doch mal!"

Phillip baut akribisch mehrere Djemben aufeinander und setzt oben jeweils eine Kalabasse darauf.

„Das nützt nichts!“ Er ist nicht zufrieden. „Es ist ja nichts um mich rum!“

„Also braucht es mehr eine Höhle als eine Mauer?“, frage ich.

Er beginnt eilig eine Höhle aus Djemben und Decken zu bauen.

„Das ist gut, da kann nichts rein. Aber da würde ich nie reingehen. Ich habe Angst im Dunkeln, das soll ich nicht mehr haben. Aber schaffe ich nicht, klappt auch nicht!“

„Vielleicht ist die Angst ja wichtig und der Schutzraum muss doch anders aussehen?“

„Die Decken müssen weg!“

Nun ist er zufrieden. „So kann ich rein, ich hab ´nen Einstieg und Sicht. Und es kann keiner von unten rein!“

„Was macht deine Angst?“

„Die kommt ja erst später. Erst ist da Nebel. Der ist wie ein Schutz, damit bin ich wie hinter einer Mauer. Aber andere meinen dann, der Kerl da, der ist ja durchgeknallt!“

„Wie ist die Angst jetzt?“

Sie ist besser, aber ich habe die noch!“

„Gibt es denn einen Schutzklang?“, frage ich, weil ich merke, dass es noch zu früh ist, die Angst sprechen zu lassen.

„Die Gitarre!“, sagt er sofort und die ist natürlich gerade nicht im Raum. Ich hole sie. Er beginnt zu probieren.

Eine Seite ist gerissen. „Jetzt fehlt der Ton, der es ist. Aber ich probier mal.“

Er findet einen Dreiklang abwärts und eine verminderte Quarte aufwärts. Er spielt das sehr lange und sagt: „Das macht mich ruhig und klar!“

Diesen Klang wählt er fortan immer, wenn in den Stunden ein Problem ansteht, bei dem ihm Klarheit fehlt.

Kommentar:

Ich kann es nicht oft genug wiederholen: Jede Erregung hat eine Quelle. „Manchmal kommen die (Verletzungen) einfach hoch, so. Dann raste ich aus.", erzählt Philipp. Das Innenleben von Philipp und anderen Kindern ist voll solcher Erregungsquellen, Verletzungen, Ängsten, Druckverursachern usw. Nun verfügt die menschliche Seele über eine besondere Fähigkeit, mit dem Erleben umzugehen, das unerträglich wird: Sie verbirgt es. Manchmal „verliert" es sich aus dem Gedächtnis, wie oft nach einer traumatischen Erfahrung, oft wird es in Nebel eingehüllt.

Dieser Nebel hat eine doppelte Wirkung: Er macht diffus, das Verhalten dieser Kinder, vor allem der hyperaktiven, wird ungerichtet, sie wenden sich mal hierhin, mal dorthin. All das wirkt auf den ersten Blick als Unfähigkeit, sich zu konzentrieren, ist aber viel mehr als das. In ihnen ist eine große Not konzentriert, in Philipp eine große Angst. Diese Angst ist nicht aushaltbar. Deswegen der Nebel, deswegen das Ungerichtetsein.

Dass der Nebel Philipp (und viele andere Kinder) schützt, ist die zweite Wirkung. Deswegen können die meisten ihn auch nicht einfach aufgeben oder sich mit Belohnungsprogrammen wegtrainieren lassen. Der Nebel in seiner Schutzfunktion ist beharrlich. Und das ist auch gut so, wenn die Angst in Philipp, die hinter dem Nebel sitzt, für ihn zu bedrohlich ist. Deswegen nimmt die Therapeutin hier das Schutzbedürfnis ernst und bietet Philipp an, den Nebel durch anderes zu ersetzen. Das gelingt selten im ersten Versuch, sondern bedarf des Ausprobierens (Mauer, Höhle, Klang). Philipp und die anderen Kinder begeben sich gern auf diese Suche und nehmen sie ernst.

U.B.

„Da bricht was von mir ab.“

Roman, 11 Jahre,
wird von seinem Lehrer in die Therapie geschickt, da er häufig in unstillbares Weinen und Verzweiflung ausbricht. Seit der Grundschule diagnostiziertes „ADHS“.

„Ich will einfach nur ruhiger und konzentrierter werden!“, sagt Roman. „ Ich will gut in der Schule sein. Mein Vater sagt, es ist wichtig, einen guten Beruf zu haben!“

Er habe ganz tolle Ferien gehabt, habe auf der X-Box dieses neue Spiel und jenes Spiel gespielt und sei überall durchgekommen und ...

Zehn Minuten erzählt er begeistert, ohne Unterbrechung.

„Jetzt bin ich sehr aufgeregt, weil ich Angst habe, dass das System zu Hause abstürzt oder sich jemand da reinhackt oder einen Wurm drauf macht. So Leute sollte man auspeitschen lassen!“

„Und was ist jetzt hier?“

„Ja, ich muss da halt immer dran denken, dass das vielleicht abstürzt, wenn ich nicht da bin.“

Er spielt seine Aufregung auf der Djembe in prasselnden Slaps.

„Ich bin tierisch schnell und aufgeregt, ich klinge so. So bin ich immer!“

„Wann fing das an?“, frage ich interessiert.

„Mit vier Jahren, das weiß ich genau!“ Roman guckt sehr klar. „Da habe ich den Computer geschenkt bekommen. Da wurde ich so schnell und auch so aufgeregt. Ich hatte von da an immer Angst, dass was abstürzt!“

„Du hast gesagt, dass du unter deiner Unruhe leidest. Hängt die mit dem Computer zusammen?“, frage ich.

„Ja, das macht mich halt nervös, aber es ist eben auch so spannend. Ich müsste weniger spielen. Also, nur 2-3 Stunden nachmittags!"

„Wie wäre das, wenn jemand sagen würde: Der Computer tut dir nicht gut, der muss weg!"

„Dann könnte ich nicht mehr leben!", sagt er ernst und mit großen Augen. „Dann bricht was von mir ab!"

„Wo in deinem Körper?"

„Im Herzen, hier!", zeigt er auf seine Brust. „Da ist schon mal ein richtiges Stück abgebrochen. Als mein Skateboard kaputt gegangen ist. In meinem brutalsten Spiel habe ich dann so getan, als wäre da der Junge, der mir das kaputt gemacht hat, und dann habe ich den immer wieder umgebracht. So schlimm war das!"

„Wissen deine Eltern von deinen Schmerzen?"

„Nein, mein Vater spielt andere Spiele, meine spielt der nicht. Der spielt lieber die brutalen ab 18. Ich freu mich schon, wenn ich 18 bin, dann kann ich auch mit dem spielen. Also, als ich anfing mit Vier, da hat der Papa schon mit mir gespielt, aber ich war ihm dann schnell zu langweilig, weil ich das nicht so gut kann wie er, also, nicht so schnell."

„Gibt es etwas anderes, was du mit dem Papa machen kannst?", frage ich.

„Vielleicht Fahrrad fahren, aber das kann ich nicht so schnell. Oder Fernsehen. Aber der Papa guckt lieber andere Filme!"

Ich ermuntere Roman, das Gegenteil von Unruhe zu spielen. Der Regenmacher erklingt, sehr langsam.

„Aber so bin ich nicht, innerlich bin ich noch wie da!" Roman zeigt auf die Djembe. „Mir ist dann nur langweilig. Ich weiß nicht, was ich tun soll. Innen bin ich immer so wie da auf der Trommel!"

„Gibt es denn ein anderes Gegenteil?“, frage ich.

„Das ist die Harfe!“, äußert er sofort.

Er spielt schnell, aber sehr gleichbleibend.

„Und?“

„Das ist ruhig und nicht langweilig. Das ist beim Lesen. Dann hör ich die Vögel, das ist schön, es ist still, ich lese und die Vögel zwitschern.“

„Wie findest du das?“

„Gut, weil dann ist es still, aber ich hör so viel, was da so alles ist.“

„Ich finde das sehr schwer, immer so viel mitzukriegen, sogar beim Lesen. Wie schaffst du das in der Schule?“

„Schule ist tierisch anstrengend!“, sagt er. Wir überlegen, wie er seine Aufregung im Unterricht ein Stück loswerden könnte.

„Schwer!“, sagt er, „nur, wenn ich andere ärgere oder male. Und wenn ich wüsste, dass einer meinen Computer bewacht, aber das geht ja nicht. Und malen darf man nicht!“

Kommentar:

Roman ist erregt. Wie viele hyperaktive Kinder erlebt er sich auf einem hohen Erregungsniveau. Die Aufmerksamkeitsstörung ist Folge, nicht Ursache. Was jeweils die Erregung hervorruft, ist bei jedem Kind unterschiedlich. Hier ist es die Angst vor dem Computerabsturz. Zumindest vordergründig. Hier hat sich die Erregung ihren Weg gebahnt und in dieser Angst einen Ausdruck gefunden. Andere Quellen, aus denen sich die Erregung speist, werden im Verlauf der Therapie bei Roman deutlich werden. Oft steht die Erregung (bzw. die Unfähigkeit, sie loszuwerden) bei hyperaktiven Kindern damit in Verbindung, dass sie das, was ihnen wichtig ist, nicht mit anderen teilen können. Roman zum Beispiel freut sich schon darauf, mit 18 mit dem Vater wieder gemeinsam Computer spielen zu können.

Roman bekommt viel mit. Er ist wie viele hyperaktive Kinder mit wachen Sinnen ausgestattet. Er liest und hört gleichzeitig den Vögeln zu. Auch die hohe Empfindsamkeit schafft einen Erregungsstau. Vereinfacht gesagt, kommt mehr hinein als hinaus kann.

Erstaunlich ist hier, wie so oft, wie genau Kinder wie Roman ihr Erleben, ihre Innenwelten kreativ ausdrücken können und wie sicher sie wissen, was ihr Gegenteil davon ist bzw. die verschiedenen Gegenteile. Wenn wir ihnen offen, vorurteilsfrei und interessiert begegnen, können sie ihre Kompetenz zeigen.

U.B.

„Einsam ist wirklich schlimm."

Sophie, 19 Jahre
Ausbildungsplatz suchend. Erstkontakt.

„Ich hab alles durch, wirklich alles. Und nichts nutzt. Ich bin nicht glücklich, einfach nicht glücklich. Und ich hab sehr viel Druck, der geht nicht weg, auch nicht mit den Medikamenten. Ich möchte aber, dass sich endlich was ändert, aber ich weiß nicht, wie. Es muss sich etwas ändern."

Sophie guckt verzweifelt, liegt mehr auf ihrem Stuhl, als sie sitzt, steht immer wieder gestikulierend auf.

„Ich will einen Job, einfach einen Job, also nicht irgendeinen, schon etwas mit Niveau. Ich will nämlich viel Geld verdienen. Irgendwas unter meinem Niveau mach ich nicht, dann fang ich gar nicht erst an. Ich habe großen Respekt vor meiner Mutter, die verdient nämlich eine Menge Geld, eine Unmenge. Meine Mutter ist Anwältin und hat eine große Kanzlei. Das muss man erstmal schaffen. Meine Mutter möchte auch, dass ich viel Geld verdiene. Dass ich nun irgendeine Lehrstelle nehme, das wollen wir beide nicht. Dafür hat meine Mutter mich nicht auf eine teure Privatschule geschickt. Das war schon in Ordnung da, aber mit meinem Abschluss hat das eben doch nicht so geklappt. Das ist mein Vater Schuld, dieser Versager. Mein Vater verdient überhaupt gar nichts, der malt. Davon kann kein Mensch leben und Jaguar fahren kann man davon auch nicht. Mein Vater zieht immer ein und aus und aus und ein, der hat diese Spinnereien im Kopf, so Selbstverwirklichung in der Kunst und so, und dann hat meine Mutter total den Stress.

Bei meiner Abschlussprüfung war er auch wieder beim Ausziehen, dieser Idiot, und dann kriege ich natürlich keine Prüfung hin. Nicht mit meiner Krankheit. Ich habe schon von Geburt an ADHS, früher hieß das nur anders. Ich nehme Tabletten, seit ich vier bin. Ich nehme die Medikamente sehr regelmäßig, da ich etwas gegen meine Krankheit tun möchte. Regelmäßige Einnahme ist eine Grundvoraussetzung, zu gesunden. Ich arbeite mit, das hat man mir auch erklärt. Ich hab das alles durch, Ergotherapie, Klinikaufenthalte, ambulante Gesprächstherapie. Ich mache das, denn ich möchte, dass aus mir etwas wird. Etwas auf meinem Niveau eben. Da ist regelmäßige Medikamenteneinnahme eine Grundvoraussetzung, wer soll mir sonst eine Ausbildungsstelle geben?"

Sie guckt sehr unglücklich, schaut suchend und unsicher im Raum umher, körperlich immer wieder vornüberfallend, manchmal wippend.

„Ich bin eigentlich keine, die gern über sich redet. Ich hab keine Freunde, ich verstehe mich am besten mit meiner Mutter. Aber ich bin jetzt alt genug, einen Freund zu haben, so ein Klasse-Typ, einen richtigen. Sie verstehen, was ich meine? Wenn ich erst meinen Jaguar fahre, dann kommt auch der Klasse-Mann. Männer stehen nicht auf Frauen ohne Knete. So ist das Leben, das Leben ist hart. Ich will nicht so sein wie mein Vater, der Versager, der nichts verdient und schafft. Ich verstehe, wenn meine Mutter sich von dem trennt. Wirklich!"

Sophie verzieht ihr Gesicht immer wieder, unkontrolliert, scheint dies nicht kontrollieren zu können, blinzelt sehr heftig. Ihr Gesichtsausdruck, ihre Sprache und Stimmlage verändern sich.

„Ich spiele manchmal verrückt, schon lange, weil bei uns zu Hause wird man verrückt. Ich spiele crazy. Was heißt, ich spiele verrückt, bei uns zu Hause muss ich jetzt verrückt werden, sonst hält man das da echt nicht aus! Wenn ich mal die Tabletten nicht nehme, dann bin ich aber so was von crazy, aber so was von. Ich bin schon mal auf meinen Vater losgegangen, so voll der Flash, so. Der hatte das verdient, nur das Geld meiner Mutter ausgeben, nicht mit mir. Warum kann meine Mutter Jaguar fahren, vielleicht weil die arbeitet! Ich will auch ein schönes Leben haben, so mit nem schicken Wagen, Shoppen, kleine Flugreise, Cluburlaub, Sonnenbank, Edelklamotten. Ich weiß, was ich will. Und wenn du es geschafft hast, dann bist du auch nicht mehr hektisch und dann kommen die Männer! Neulich habe ich einen gesehen, so einen hübschen schwarzhaarigen, supersüß, Superfigur, Superklamotten – der Traumtyp. Ja, aber der sieht mich gar nicht, so einen Mann kann ich nicht ansprechen, der will Geld sehen.

Studieren geht bei mir nicht, also muss ich eine coole Geschäftsidee entwickeln, irgendwas, wo noch keiner drauf gekommen ist. Demnächst leih ich mir mal den Jaguar, ich hab den Führerschein noch nicht. Ich bin aber trotzdem schon oft gefahren. Mein Schwager, der lässt mich fahren. Ich bin auch früher Mofa und Roller und so ohne Führerschein gefahren. Passiert ja nichts. Die haben mich ein paar Mal angehalten, Verwarnung, die Tochter von der Anwältin und mit dem Crazy-Schein, da ist das gut, passiert doch nichts. Meine Mutter macht das schon, ich bin immer weitergefahren. Crazy-Schein ADHS, sag ich nur."

Sie grinst diabolisch.

„Meine Mutter haut mich überall raus ... Ich hab nur zu wenig Geld zum Shoppen, so coole Marken, die kosten richtig Geld. Ich hab überlegt, dass das nicht schlecht ist, wenn ich Schulden mache, dann soll mein Vater mal richtig blechen. Ich kann auch ne Firma gründen und immer: Rechnung an meinen Vater. Dann ist der endlich mal dran. Dem zahl ich das heim, was der mir angetan hat. Mich lässt man nur ein Mal im Stich, nicht wie meine Mutter. Der wird noch merken, was eine echte Sophie ist!"

„Wenn ich an coole Klamotten und Autos denke, dann werd ich richtig zittrig, so wie früher beim Computerspielen. Die sind mir jetzt viel zu öde. Ich krieg das auch beim Karaoke-Singen, wenn ich denk, he, Sophie, du singst so cool, du wirst berühmt und dann Plattenvertrag und dann richtiges Label, oder eigenes. Ich muss jetzt erst mal ne Band finden. Ich hab keine Freunde, deshalb brauch ich einen Freund. Kommt der Durchbruch, kommt auch der Supertyp, das Powerduo ... Bühne ist gut, da kannst du total hyperaktiv sein und ausflippen, die Fans lieben das.

Man braucht nur die richtige Einstellung, man muss offen sein, dann kommt auch der Erfolg. Man muss nur in den richtigen Kreisen verkehren, dann wird man auch entdeckt ...

Ich sag jetzt immer sofort allen Leuten, dass ich hyperaktiv bin, wenn die fragen, warum ich zucke und all diese Sachen. Also, die müssen mich schon nehmen, wie ich bin, das hat mir auch der Therapeut früher gesagt."

Sie schaut sehr traurig aus.

„Das mit dem Behindertenausweis sage ich nicht. Ich hab das ADHS so stark, dass ich einen Behindertenausweis habe!"...

Senkt den Kopf, wirkt verzweifelt.

„Ich will nicht mehr einsam sein. Ohne Freund ist mir zu einsam, aber das muss schon ein Supertyp sein ... Einsam ist wirklich schlimm!"

Sie guckt seltsam kontaktlos durch den Raum, scheint nichts um sich herum wahrzunehmen.

„Ich hab alles durch, Gesprächstherapie, Ergotherapie, Klinik. Das hat schon was gebracht, ich weiß, dass ich Ziele und

Struktur brauche. Ich brauch auch jeden Tag ein Programm. Das ist richtig schlimm an mir. Meine Mutter macht mir, bevor sie in die Kanzlei fährt, immer zwei Brote, eins mit Käse, eins mit Nutella. Wenn das nicht ist, dann raste ich aus. Ich brauch einfach, dass alles gleich ist, sonst schrei ich rum. Ich brauch das auch, dass wir immer um 14 Uhr zusammen essen und dass mein Zimmer gleich aussieht und meine Blusen an der gleichen Stelle hängen. Das hab ich auch gelernt, dass ich ordnen muss wegen meines ADHS. Wenn das nicht ist ... Tag gelaufen. Ich brauch auf jeden Fall einen Freund, der ordentlich ist. Aber wenn ich viel Geld verdiene, dann kann ich mir so einen aussuchen ..."

Kommentar:

Diese Geschichte zu lesen, macht mich traurig. Sie scheint zunächst einmal alle Klischees von Wohlstandskindern zu bedienen, ist aber leider wahr. Welche Verzweiflung, welche Einsamkeit, welche Not, welche Sehnsucht hinter all den Sprüchen.

Zwei Aspekte besonders begegnen uns auch bei anderen Kindern mit „ADS/ADHS"-Diagnose. Diese Diagnose gibt einerseits Sicherheit: Man weiß, was „man hat". Andererseits ist sie ein Makel, eine Stigmatisierung, ein Signal und eine Bestätigung der Selbstabwertung. In diesem Hin und Her ist Sophie gefangen, auch wenn sie durch lautes Pfeifen im Wald ihren Schmerz zu übertönen versucht.

Der zweite Aspekt ist der Druck, den fast alle betreffenden Kinder innerlich verspüren. Was jeweils den Druck hervorruft, ist von Kind zu Kind verschieden. Bei Sophie ist es die elterliche (Nicht-)Beziehung. Sie identifiziert sich mit der Mutter und übernimmt deren Verachtung für den Vater. Sie kann aber nicht so sein wie die Mutter und sie ist selbst so haltlos, wie sie den Vater beschreibt. Dieser enorme innere Druck bringt sie in Bewegung, lässt sie zittern. Die Medikamente, die sie seit 15 Jahren nimmt, lindern die Symptome, aber sie verringern nicht den Druck und helfen Sophie nicht, mit ihm umzugehen.

U.B.

„Das Leben ist hart, da musst du durch!“

*Sammy, 15 Jahre alt,
kam 2 Jahre vor diesem Termin auf Wunsch seiner besorgten Lehrerin einmal alleine zur Beratung, anschließend zum Gespräch mit seinen Eltern. Dabei wurde deutlich, dass der Vater, während er seine Töchter ausgesprochen liebevoll behandelt, eine große Verachtung für Sammy als auch für Therapie hegte. Als dies Thema wurde, bestand der Vater auf einer Testung seines Sohnes, auch um zu beweisen, dass Sammy „nichts“ habe. Sammy wurde daraufhin zum schulpsychologischen Dienst überwiesen. Nach Aussagen des Schulpsychologen brach Sammy die Therapietermine vor dem Ende der Testreihe ab, seine Eltern hätten diesem Abbruch zugestimmt. Seine Lehrerin schickt Sammy erneut in die schulische Beratung, in der Hoffnung, dass er Therapie machen möge, da er auch weiterhin im Unterricht völlig abwesend sei, apathisch wirke, keine Hausaufgaben mache und zunehmend gewalttätige Ausbrüche habe.*

Sammy ist während des gesamten Gespräches hinter seinen lang ins Gesicht fallenden, schulterlangen Haaren wie verschwunden. Er scheint mich nicht wahrzunehmen, meine Zwischenfragen überhört er immer wieder. Er hält einen fast 20-minütigen Monolog.

„Ja, warum komme ich hierhin. Ich komme, weil mich meine Lehrer hierhin geschickt haben. Die denken, dass sich was ändern kann.“

Sammy lacht und schüttelt den Kopf.

„Was ich erwarte? Ich erwarte nichts, ich erwarte nie irgendwas. Ich habe aufgehört, irgendetwas zu erwarten. So ist es wohl und daran wird sich auch nichts mehr ändern. Ich hasse die Schule, ich möchte hier nicht hin, aber da kann man eben nichts machen. Und daran wird sich auch nichts ändern!“

Er fährt sich durchs Haar.

„Du kommst morgens hier an und dann siehst du es schon. Du siehst es ihnen an, was sie denken. Du bist nichts wert, du bist ein Nichts. Du hast es nicht einmal verdient, angesehen zu werden, du hast Schläge verdient. Das ist wie Spießrutenlaufen. Alle sehen sie dich an und sehen dich, den Versager. ‚Loser', manchmal sagen sie das laut, manchmal siehst du nur, dass sie es denken. Manchmal denke ich, das ist in meine Stirn eingebrannt. ‚Loser!' Du bringst es nicht, du bist doof, verstehst nichts, raffst nichts, hast kein Geld. Und wenn sie dich noch so provozieren, du darfst dich nicht provozieren lassen. Da musst du die Fäuste in der Tasche machen. Das schaff ich, auch wenn die noch so gucken. Ich lass mich nicht mehr provozieren, nur, wenn es gar nicht anders geht. Ja, so ist es. Daran kann niemand was ändern. Was soll ich Therapie machen? Wozu sollte das gut sein. Sie müssen dasitzen und verstehen, was ich sage. Okay, das ist Ihr Job, Sie verstehen mich dann. Aber ändern wird sich nichts. Die anderen werden mich weiter verachten. Das wär auf einer anderen Schule auch nicht anders. Erst würden die dann nett zu dir sein und dann merken die es wieder und dann bist du wieder Loser und dann fängt alles wieder von vorne an und dann kennst du gar keinen. Hier kenn ich wenigstens ein paar. Keine richtigen Freunde, aber ein paar, die kenne ich schon ...

Nein, mein Leben macht mir keinen Spaß, mein Leben ist öde und beschissen. Daran wird sich nichts ändern. Das Leben ist hart, da musst du durch, Junge, so ist das Leben. Du kriegst nichts geschenkt vom Leben. Zu Hause gehe ich immer in mein Zimmer. Ich spiele Computer, den ganzen Tag, damit ich das Gestreite nicht höre, immer, endlos, das hört nie auf. Streit, Streit, Streit. Am Computer hab ich meine Ruhe. Aber langsam wird sogar der öde. Echt. Aber ... da kann man nichts machen. Das Leben ist hart, da musst du durch.

Ich will nicht erwachsen werden. Ich will nicht so ein Leben haben wie meine Eltern, nur Arbeit und Streit, nee, will ich nicht. Mein Vater, der findet mich voll den Loser. Egal, was bei uns passiert, da können sie meine Mutter fragen, mein Vater gibt mir die Schuld, meine Schwestern sind es nie. Manchmal haut der mich. Okay, ich bin hart, ich kann was einstecken. Ich merk schon lange nichts mehr, kann er ruhig machen, ich merk nix. Will ich auch nicht.

Sie fragen, ob mir lieber wäre, dass meine Eltern sich trennen? Sind Sie verrückt? Ich liebe meine Eltern, wenn meine Eltern sich trennen würden, das wär das Schlimmste, was in meinem Leben passieren könnte. Mein Vater verdient das Geld, was wir brauchen, und meine Mutter versorgt mich, die macht mir Brote und kocht mir, was ich will, und kauft mir, was ich brauche. Ich liebe meine Eltern, die sind das einzige, was ich in meinem Leben hab."

„Ich verstehe, und du meinst ja, das sei mein Job, ich verstehe, dass du echt in Not bist, Sammy, aber ich verstehe überhaupt nicht, wie du dich derartig aufgeben kannst. Du kommst mir vor, als hättest du dir die Decke über den Kopf gezogen, bei mir kommt auch eine riesige Bequemlichkeit an. Es stimmt, wenn du nicht willst, wird sich nichts ändern. Für mich hast du dich in der Opferrolle eingerichtet und sitzt gemütlich in der ‚Ich kann nichts machen'-Ecke. Und fürs Versorgen hast du deine Mama", sage ich und merke in meiner Resonanz Resignation und Wut.

Zum erstenmal guckt Sammy mich überrascht, aber klar an. „Ich glaube, das stimmt, was sie sagen, aber ich will, dass alles so bleibt, wie es ist. Wenn die anderen jetzt noch mitbekommen würden, dass ich Therapie mache, dann wär ich voll der Psycho. Mein Vater sagt, dass nur Schwächlinge Therapie brauchen. Meine Mutter war auch mal beim Psychologen, als die es mit den Nerven hatte. Mein Vater braucht das nicht, der schafft alles alleine, der ist stark, der ist auch ein Mann. Psychologen bringen nur Ehen auseinander, sagt mein Vater. Das ist jetzt nichts gegen Sie! Eine Therapie, das würde bei mir nichts nützen! Meine Lehrer, die wollen das. Ich will das auf keinen Fall ..."

Kommentar:

Wenn Resignation und Angst größer sind als die Hoffnung, dann sind Therapeutinnen und Therapeuten machtlos. Sammy hat psychisch überlebt, indem er sich stark und unempfindlich macht. Und dazu die Leitsprüche seines Vaters übernimmt: Das Leben ist hart, da musst du durch! Da könnte Therapie ja aufweichen, eventuell den Schmerz spüren lassen, zumindest das Risiko weiterer Beschämung und Abwertung beinhalten.

Sammy ist 15. Er hat sich so fest in seinem Schutzpanzer eingerichtet, dass die Innenwelten nur zu erahnen sind. Die Aufrechterhaltung dieses Schutzpanzers braucht so viel Energie, dass Sammy „abwesend" wirkt. Sein Verhalten hat mit einem „Aufmerksamkeitsdefizit" nur insofern etwas zu tun, als ihm, seinen Innenwelten, seinem Schmerz, seiner Wut, seiner Trauer, seinen starken wie seinen weichen Seiten viel zu wenig Aufmerksamkeit entgegengebracht wurde.

U.B.

„Ich weiß nicht, wie man Gefühle sagt."

Andrea, 9 Jahre alt,
wurde in der ersten Grundschulklasse auf „ADS" getestet.

Nach den Tests mit positivem Ergebnis hört nach Aussagen des Vaters die Therapie auf, da Andrea sich weigerte, mit der Psychologin zu reden. In der letzten Zeit haben Andreas Träumverhalten und ihre Unerreichbarkeit zugenommen. Auch in der jetzigen Therapie gestaltet es sich schwierig, in Kontakt zu kommen. Andrea erzählt in den ersten Stunden scheinbar Nebensächliches sehr breit. Dabei lächelt sie permanent in einer fast aggressiv zu nennenden Freundlichkeit.

Auszüge aus der vierten Einzelstunde.

„Es geht mir gut", sagt Andrea beim Betreten des Raumes, als müsse sie meine diesbezügliche Frage schon vorwegnehmen.

„Schön, Andrea! Was gab es in deiner Woche?"

„Wann genau?", fragt sie eifrig.

„Na, bevor du hierhin gekommen bist!"

„Ich habe eben ein Eis gegessen, zwei Kugeln. Zitrone und Stracciatella! Dann bin ich zu Ihrem Haus gegangen, hab die Türe aufgemacht und mich hierhin gesetzt." Sie verzieht ihren Mund zu einem kurzen Grinsen.

„Und was ist hier heute wichtig?", versuche ich.

„Jetzt bin ich hier."

„Hm. Und dann?", frage ich, ein wenig ungeduldig werdend, da ich von Andrea aus den ersten Sitzungen kenne, dass es in dieser Art lange weitergehen kann.

„Gleich gehe ich nach Hause!"

„Und wie findest du das?"

„ Das ist mir egal."

Wie ist es jetzt?", frage ich und verzweifle ein wenig.

„Gut!", meint Andrea, grinst und starrt an die Wand.

„Andrea, ist es dir unangenehm, dass ich dich Dinge frage?"

Andrea überlegt ein bisschen. Sie wird rot.

„Nein, nur komisch. Ich weiß immer keine Antworten, wenn mich einer was fragt. Deshalb sag ich nichts!"

„Spiel doch mal, wie du heute klingst!", schlage ich vor und gehe in Richtung der Instrumente.

Andrea steht auch sofort auf und greift zielsicher nach den Maracas. Sie spielt jedoch nicht.

„Na, wie klingst du?", ermuntere ich erneut.

„Immer oder jetzt?", fragt Andrea, angestrengt lächelnd, nachdenklich nun.

„Vielleicht erstmal jetzt?", schlage ich vor.

Genau einmal rasselt sie sehr leise mit der Maracas und grinst freudig.

„Was hast du gehört?"

„Ruhig, zurückhaltend, das klang so, wie ich auch bin!" Andrea erzählt eifrig, bewegt intensiv ihren Kopf, sich bestätigend. „Schüchtern. Ich bin schüchtern, schüchtern und zurückhaltend, schon immer."

„Was hältst du zurück, Andrea?"

„Meine Aufregung!", antwortet Andrea unerwartet spontan.

„Spiel doch mal, wie die Aufregung klingt!", fordere ich auf.

Zielstrebig holt Andrea den Regenmacher und spielt ein Mal, sehr abrupt, drei Sekunden etwa. Es wirkt erdrutschartig.

„Das waren die Sorgen", sinnt sie, „die habe ich gerade gehört. Die halt ich immer fest. Die Sorgen über meine Tiere, die gestorben sind (sie zählt sie auf und es sind bestimmt 10 an der

Zahl). Die Sorgen, dass mich im Aufsatz wieder alle auslachen. Die Sorgen über meine Mama. Also, die Mama hat gesagt, ich soll der Frau B. ruhig über alles erzählen, aber als ich das letzte Mal (sie meint die vorhergehende Testung) von Mama erzählt habe, war Mama sauer. Also, wie die uns alle gehauen hat, das sollte ich nicht sagen. Da wusste ich nicht mehr, was ich eigentlich sagen soll. Ich halte die Sorgen lieber fest."

„Und wie ist das hier, hast du Angst, etwas zu sagen? Andrea, hältst du die Sorgen jetzt fest?"

„Nein, jetzt wohnt die Mama ja nicht mehr bei uns, das ist besser, ich darf das jetzt ruhig sagen. Mein Papa meint, es ist gut, wenn ich das sage. Ich soll reden. Aber ich will da manchmal gar nicht dran denken oder drüber reden!"...

Andrea nimmt den Regenmacher, mehrere abrupte Klänge ertönen.

Sie sieht zum ersten Mal richtig besorgt aus, verzieht ihr Gesicht jedoch erneut zu einem Grinsen.

„Ich höre viel Unberechenbares!", sage ich bekümmert.

„So war das, als die Mama noch da war. Wenn die Mama Bier getrunken hat. Die versucht jetzt das aufzuhören. Dafür ist die auch in einer Klinik. Dann wird das besser!"

Andrea atmet schwer. Sie wird sehr aktiv und sucht nach Instrumenten. Gleichbleibende, gebremste Kalimbaklänge ertönen.

„Das ist mein Vater. Der ist total ruhig und guckt immer nur Glotze."

Andrea lacht.

„Aber der ist auch nett."

Sie schüttelt wild den Regenmacher.

„Das ist meine Schwester. Die ist total wild."

Sie schüttelt den Regenmacher sehr heftig.

„Ganz doll wild ist die Eva!"

„So bin ich auch manchmal!", stöhnt sie, wählt nun für sich zwei Maracas, die sie jeweils in eine Hand nimmt.

„Das ist die liebe Andrea und das die böse."

Sie rappelt heftig, wie bestrafend, mit einer Maracas.

Sie stellt zwei Instrumente, die Schlitztrommel und die Pipedream, vor sich hin.

„Das ist meine Mama."

Sie spielt laute, dunkle Töne kurz auf der Schlitztrommel.

„Wir haben ganz viele leere Flaschen in der Mülltonne gefunden, die hat die Mama ausgetrunken und versteckt. Dann ist die Mama böse. Dann haut die meine Schwester, ganz feste."

Andrea grinst und lacht.

„Patsch, patsch!", ruft sie und spielt und wird sehr rot im Gesicht.

„Puh!", sage ich, „das klingt schlimm! Was ist das für ein Gefühl?"

„Och! Das ist kein Gefühl, das ist nicht schlimm!", meint Andrea. „Das ist nicht schön, aber ich bin ja meistens nicht da. Ich bin bei den Tieren, den Pferden, bei dem Benny oder beim Keyboardunterricht oder beim Turnen. Da hab ich ja gar nicht viel Zeit zum Zuhausesein oder zum Denken. Oder ich denk auch immer an ganz was anderes. An Harry Potter-Geschichten, dann fliege ich da so rum. Das ist schön. Oder ich mal was oder spiel die Filmmusik auf dem Keyboard."

Andrea wird sehr ernst jetzt.

„Ich fühl lieber nicht!", flüstert Andrea leise und rückt ein bisschen an mich heran. „Ich red auch nicht, ich weiß ja nicht, was ich sagen soll."

Andrea guckt auf den Boden, wirkt unsicher.

„Ich bete lieber!", flüstert sie, nun Augenkontakt suchend.

Andrea wirkt ernst, schaut mich mit offenem fragenden Blick an.

„Ich geh gern in die Kirche, ich spiel auch Keyboard manchmal in der Kirche, wenn die anderen Kinder singen. Dann bin ich so frei, wenn wir beten und mit Gott sprechen. Ich spreche oft mit Gott – der mag mich. Meine Seele kommt irgendwann in den Himmel und dann ist es da ganz frei und ruhig. Richtig schön ist es dann da – aber ich möchte schon noch was leben."

„Andrea, ich freu mich richtig, dass ich heute so viel von dir mitbekommen darf, heute spür ich dich so richtig! Danke dafür!", sage ich berührt.

Andrea guckt verwundert und ein wenig stolz.

„Vor anderen sag ich meistens nichts. Ich weiß nicht, was die hören wollen. Hier jetzt war das schön, ich fühl mich frei. Ich weiß nicht, wie man Gefühle sagt. Ich hab ja keine Worte."

Kommentar:

Oft verstummen Kinder. Manche sagen buchstäblich gar nichts mehr, andere, wie Andrea, sagen nicht mehr, was sie auf dem Herzen haben. Immer hat irgendwann ihr Verstummen einen Sinn gemacht. Vielleicht hat niemand zugehört, vielleicht durfte das, was sie bewegte, nicht ausgesprochen werden, vielleicht hatten sie einfach keine Worte. Wenn Kinder etwas überfordert, versuchen sie sich zu entziehen. Verstummen ist ein solcher Versuch. Andrea versuchte, sich zu entziehen, wenn die Mutter im Alkoholrausch aggressiv wurde. Sie versuchte, sich äußerlich zu entziehen, indem sie zu ihren Tieren ging. Und sie entzog sich innerlich, indem sie nichts mehr fühlte und stattdessen in Fantasien flüchtete. Beide Reaktionen machten Sinn.

Aber die Flucht hat Folgen. Wenn Kinder längere Zeit geübt haben, sich so zu entziehen, können sie schwer wieder „umschalten". Wer nicht mehr fühlt, „weiß nicht, wie man Gefühle sagt". Wer lange verstummt, hat keine Worte mehr. (Oder nur noch Worte des Entziehens, wie Andrea.)

Andrea hatte eine Aufmerksamkeitsstörung nicht im Sinne von „ADS", sondern weil sie für Verhaltensweisen der Mutter aufmerksam sein musste, die sie überforderten. Ihre „Störung" war ihr sinnvoller Schutz. Nun ist dieser Schutz nicht mehr notwendig. Um das zu merken, brauchen Kinder wie Andrea Zeit. Vertrauen muss sich entwickeln. Und sie brauchen Musik, Bilder, Puppen und andere Ausdrucksmöglichkeiten, um das zu sagen, was sie – zumindest zuerst einmal – mit Worten nicht sagen können.

U.B.

„Ich will, dass ihr mich seht!“

Ayşe, 15,
am Ende einer 6-monatigen Therapie,
Anmeldung auf Wunsch ihrer Lehrer.

Ayşe hat heute ihre Abschlusssitzung. Wir haben zwei Stunden eingeplant, weil sie schon vorher feststellt, dass sie noch einmal alle gemalten Bilder anschauen will, also einen richtigen Rückblick machen möchte. Dazu hat sie auch eine CD mit türkischer Musik und ein türkisches Instrument, das ihr Vater spielt, mitgebracht. Wir arbeiten mit der Methode „ein Schritt vor und zurück“ (nach: Baer, Frick-Baer: Leibbewegungen). Sie unterstützt manchmal ihre Bewegungen mit typischen Gesten. Ayşe ist sehr kreativ und ausdrucksstark, am Therapieende sehr innig und offen.

Ayşe macht zunächst den Schritt zurück, der ihre Vergangenheit symbolisieren soll.

„Bevor ich in die Therapie kam, da war das wie in einem dunklen Wald. Alles ist schwarz und dunkel, unheimlich. Ich rede nicht über mich und habe keine Freunde. Ich gehe auch auf niemanden zu.“

Ayşe macht eine ausladende Geste mit beiden Armen, öffnet die Hände.

„Ich habe beide Hände auf, weil ich permanent Hunger habe. Hunger nach allem. So großen Hunger, dass ich sogar gestohlen habe. Alles war so leer und finster. Ich war verzweifelt und habe mich nicht mehr verstanden. Ich dachte, dass jetzt alles aus ist, als ich den Gameboy genommen habe, einen Gameboy, der mich gar nicht interessiert. Ich schäme mich jetzt noch!“...

„Aber ich weiß jetzt auch, warum ich das getan habe. Das war wichtig, aufzumalen, wonach mein Herz hungert.“

Sie schaut eilig auf ihr damals erstelltes Bild.

„Auch verrückt, dass ich meinen Bruder gleichzeitig liebe und hasse. Deshalb hab' ich ja auch zwei Herzen gemalt. Zwei Herzen in mir: eines voller Liebe, rot, und ein schwarzes Hass-Herz. Und dass ich immer Kopfschmerzen kriegte, wenn ich Murat hasste. Da war nur schön, dass Papa mir immer Tee gekocht hat, wenn ich auf dem Sofa lag, andauernd die Kopfschmerzen. Mein Vater meinte, das war, weil ich immer so hektisch bin, dass ich davon Kopfschmerzen kriegte."

Sie läuft unruhig auf und ab.

„Ich hätte nie gedacht, dass ich die Sätze, die da draufstehen, wirklich mal sage. Meine Herzenswünsche, wie sie gesagt haben."

Sie liest „beherzt" die Wünsche aus den Sprechblasen, die wie eine Pipeline aus ihrem Herzen zu fließen scheinen, laut vor.

„Ich will Gleichbehandlung!"

„Ich will, dass ihr mich seht!"

„Ich will Fairness!"

„Ich will, dass Versprechen eingehalten werden!"

„Ich will geliebt werden!"...

Ayşe schluckt ein wenig.

„Ich hätte nie gedacht, dass meine Eltern das interessiert, was ich denke und mache. Also, dass ich denen das wirklich zeigen wollte, dieses Bild mit den Herzenswünschen, und die sich bedankt haben, dass ich das zeige. Und dass mein Vater meinte, er liebe mich genauso wie Murat, aber dass er das bei kleinen Kindern eben besser zeigen kann. Der liebt mich wirklich! Das hätte ich nicht gedacht.

Ich wusste auch nicht, dass meine Mutter sich früher genauso wie ich gefühlt hat, die war ja auch das älteste Kind, dass sie die gleichen Probleme hatte wie ich. Das ist schon toll, die hilft mir jetzt, dass mein Vater mich besser versteht.

Mein Vater spielt auch wieder viel Musik und dann singe ich so, wie ich das einmal mit Ihnen hier gemacht habe."

Ayşe hält das Instrument in der Hand und singt mit kräftiger Stimme und wohlklingendem Türkisch „Esmerim".

„Ich mag diese Musik und die Sprache, Türkisch ist eine schöne Sprache. Das Lied handelt von einer großen Liebe, von der schönen braunen Esmerim."

Summt leise, versonnen.

Macht nun einen Schritt nach vorne in ihre im Raum symbolisierte Gegenwart.

„Jetzt ist wirklich alles anders. Die Sonne scheint, es ist einfach mehr Glück da. Es ist, als wäre ich ein Delfin im Wasser, weil ich mich im Wasser so wohlfühle. Ich bade in Wasser und Sonne, so wie in der Türkei. Da, wo meine Eltern zu Hause sind. Jetzt habe ich nur noch eine Hand auf."

Sie macht eine Bewegung mit der linken Hand.

„Ich bin nicht mehr immerzu hungrig und renne und renne, weil ich irgendwas suche, was ich gar nicht weiß, was das ist. Und rede und rede, pausenlos. Ich versteh mich jetzt besser. Und auch meine Mutter, die weiß, dass ich nicht immer mit Essen zugestopft werden will. Dass ich was anderes brauche."

Schaut auf eines ihrer Bilder. „Normale Tage, dicke Tage, deutsche Tage und tolle Tage" steht als Überschrift darauf.

Diese dicken Tage, die ich immer die türkischen Tage genannt hab', die habe ich früher immer gehasst, diese Tage, an denen Mama mich vollstopfen wollte, weil ich ja eine richtige Frau werden soll. Richtig eklig! Früher war meine Mutter nur froh, wenn sie mich vollstopfen konnte. Sie sagte oft: ‚Ich bin nur glücklich, wenn Ayşe gut isst.' Und wie froh ich sein kann, dass meine Mama so gut für mich sorgt. Sie hatte früher nicht so viel zu essen."

Mimt eine Haltung, als würde sie sich übergeben.

„Die deutschen Tage sind ja nicht dick, eher arrogant, also Deutsche sind arrogant, wirklich. Ich habe schon gemerkt, nicht alle, aber man ist hier schon einsam oft. Früher habe ich ja immer nur von der Türkei geträumt, heute weiß ich, dass ich da wieder hingehen werde. Da sind für mich einfach die tollen Tage. Ich werde glücklich sein, ich hab jetzt auch hier türkische Freunde, auch wenn meine Eltern nicht so drin sind, weil wir ja sehr deutsch sind. Zu deutsch für die. Aber wir sind nicht arrogant. Auch nicht alle Deutschen.

Als mich die Jungen neulich gejagt haben auf dem Schulhof, der Kevin, der hat mich sogar angespuckt und mich beleidigt, so, „Wo ist dein Kopftuch, du hektische Zicke, du türkische." Da kam Andrea angerannt und hat den vertrieben, sich vor dem aufgebaut und geschrien: „Lass' meine Freundin in Ruhe!"

Da hab ich gemerkt, dass ich jetzt echt eine Freundin hab. Da war mir ganz warm und satt. Der Andrea kann ich auch alles sagen, auch Geheimnisse. Das kann ich auch in meiner Familie, aber das mit den Jungens und so, das sag lieber nicht bei meinem Vater. Der sagt immer, dass ich anständig bleiben muss. Ich schaff' das auch. Ich will auch mal Kinder haben und Familie und dann in der Türkei sein. Ich werde wohl einen türkischen Mann haben, die meinen das ernster als die Deutschen."

Ayşe sinnt und macht wieder einen Schritt nach vorn.

„Meine Zukunft fühlt sich gut an, so warm und so satt. Da ist eine riesige schlanke Sonne über einer bunten Blumenwiese.

Ich muss mir gar nichts erkämpfen oder erstehlen, weil alles reich ist. Das Meer ist ganz blau. Ich bin wie die riesige Sonne. Ich bestrahle meine Familie und werde von allen gesehen, alle sind stolz auf mich. Sie sind froh, dass es Ayşe gibt."

Sie streckt die Arme aus und wendet die Handinnenflächen nach unten, sie hebt den Blick zur Decke und steigt auf ihre Zehenspitzen.

„Ich bin sehr gewachsen."

Sie schaut stolz.

Kommentar:

Ich „renne und renne, weil ich irgendwas suche, was ich gar nicht weiß, was das ist. Und rede und rede, pausenlos." Treffender als Ayşe kann man das Getriebensein der Kinder nicht beschreiben. Bei den einen äußert es sich in Hyperaktivität, die anderen verstummen äußerlich, fühlen sich innen aber genauso. Getrieben erleben sie sich alle, suchend, ohne ein Ziel ihrer Suche vor Augen zu haben. Doch wenn sie wie Ayşe malen oder musizieren, wird ihnen deutlich, wonach sie suchen, wonach sie sich sehnen: Sie wollen gesehen werden. Sie wollen geliebt werden. Sie wollen ernst genommen werden. So einfach und doch so schwer.

Der Weg aus der Einsamkeit und dem Verlorensein führt für Ayşe darüber, dass sie ihre Bilder nicht nur im geschützten Raum der Therapie zeigt, sondern auch wagt, sie ihren Eltern zu offenbaren. Da staunt sie immer noch über sich und sie staunt, dass sie von den Eltern Echos bekommen hat, dass diese etwas über sich und ihre Innenwelten mitteilten. So einfach und doch so schwer.

U.B.

Wenn ich nicht dumm wäre, wäre ich ja gut in der Schule!"

Stefan, 11 Jahre alt,
kommt in die Therapie auf Anraten seiner Lehrerin, da er sehr abwesend, fast leistungsverweigernd wirke. Er liege mehr auf dem Tisch, als dass er sitze, unbeteiligt und unerreichbar, träume häufig.

Im ersten Gespräch mit den Eltern erläutert die Mutter (das Gespräch findet auf ihren ausdrücklichen Wunsch ohne Stefan statt), dass Stefan in der Grundschulzeit extreme Lernschwierigkeiten gehabt habe. Eine Untersuchung in einer Klinik hätte ergeben, dass Stefan unter Wahrnehmungsstörungen leide, die auf frühkindliche Geburtsschäden zurückgingen. Bestimmte Hirnaktivitäten seien wahrscheinlich nicht adäquat ausgebildet. Die Mutter wirkt freundlich bemüht und irritiert, dass Stefan nun auch in der weiterführenden Schule auffalle, da doch das meiste behoben sei. Er hätte über mehrere Jahre Ergotherapie erhalten, die aber von Seiten der Eltern abgebrochen worden sei, „da sie nichts brachte und den Eltern keine Anleitungsübungen an die Hand gab". Außerdem könne Stefan sich nicht immer „auf alten Sachen" ausruhen. Die Hausaufgabensituation zu Hause sei kaum noch tragbar. Ein auf Wunsch der Lehrer kürzlich durchgeführter Intelligenztest ergab, für alle Beteiligten offenbar sehr überraschend, einen überdurchschnittlichen Wert im oberen Bereich.

Stefan spricht in den ersten Stunden sehr wenig und sehr leise. Er wirkt körperlich haltlos, geht nach vorn gebeugt und äußerst unsicher. Er drückt sich in eine Ecke des Raumes.

„Es geht mir gut!", sagt Stefan leise, sehr unglücklich wirkend. „Alles ist schön, alle sind nett zu mir. Meistens, alle. Nur ich,

ich mache alles falsch, ich mache nur Ärger und dann sind alle sauer. Meine Mutter ist nett und mein Vater und meine Schwestern."

Stefan schaut mich für einen Augenblick fragend an.

„Ich möchte hierhin kommen, damit ich besser in der Schule werde, damit ich mich besser konzentrieren kann. Ich fände gut, wenn sie mir helfen, mich besser zu konzentrieren. Meine Mutter meint, das solle ich ihnen sagen. Und ich soll hier auch sagen, wie schlimm ich bin, damit nicht wieder alle denken, irgendetwas wäre zu Hause ..."

Stefan spricht sehr leise und mit gesenktem Kopf:

„Ich mache meine Hausaufgaben nicht und dann sind die Lehrer sauer, und wenn die Lehrer sauer sind, dann rufen die bei uns zu Hause an und dann sind alle sauer.

Irgendwie klappt das nicht mit den Hausaufgaben. Ich setze mich zu Hause hin und dann kann ich gar nichts machen. Ich sitze da und mir fällt nichts ein. Mein Kopf ist ganz leer, da ist nichts drin irgendwie. Bei Mathe ist schon noch was in meinem Kopf, das geht, das kriege ich fertig, eigentlich schnell, aber bei Deutsch, da sitze ich und sitze und mir fällt nichts ein. Und wenn ich was schreibe, dann sind da ganz viele Fehler drin. Ich bin ziemlich dumm!"

Stefan schluchzt.

„So dumm. Das sagt auch mein Vater: ‚Stefan, du bist schon unglaublich dumm. Das kann man gar nicht glauben, wie schlecht du schreibst!' Mein Vater sagt, der muss mit mir schreien, weil ich ja so langsam und so dumm bin. Ich darf erst spielen oder nach draußen, wenn ich keinen Fehler mehr in dem Text habe, und ich schaff das aber nicht. Dann bin ich meistens drinnen und allein. Ich hab so viel Angst, wenn ich denke, dass mein Vater gleich reinkommt und schreit, dass ich gar nichts schreibe. So faul bin ich.

Dick und faul, das sagt mein Vater. Deshalb esse ich auch nicht mehr viel. Wir haben auch nicht so viel Geld, wenn da alle Kinder immer nur essen und essen. Aber ich glaub, mein Vater sieht das nicht, dass ich so wenig esse. Ich streng mich ganz schön an, das hat der noch nicht gemerkt.

Es könnte so schön bei uns zu Hause sein, wenn ich nicht so schlimm wäre mit dem Lernen. Ich möchte besser werden, ganz unbedingt – und trotzdem kann ich in den Stunden nicht aufpassen. Ich hab vor dem Deutschlehrer Angst. Mein Vater sagt, dass ich gar kein richtiger Mann bin ...

Wenn ich nicht weiß, wo wir dran sind, dann lachen alle und dann werde ich ganz steif und atme nicht mehr. Manchmal denk ich, dass ich gleich tot umfalle. Zu Hause auf dem Stuhl vor dem Schreibtisch ist das auch so." Stefan macht eine starre, unbewegliche Sitzhaltung vor. „Mein Kopf ist dann einfach nur leer. Ich hab auch Angst, wenn die gleich in mein Zimmer kommen und da wieder nichts oder alles falsch steht in meinem Heft. Manchmal wünsche ich mir dann, dass ich sterbe, dann haben alle wenigstens Ruhe.

Mein Vater und meine Mutter, die streiten sich ganz viel, alles wegen mir, glaube ich. Einmal war das so schlimm, da sind dann Sachen durch die Wohnung geflogen und es war ganz laut, so laut, dass ich meine Tante angerufen habe. Die hat gesagt, dass meine Eltern schlimm sind. Sie hat dann mit meinen Eltern gesprochen, gesagt, dass die endlich aufhören sollen mit dem Streiten und Schreien – ich darf jetzt nicht mehr zu meiner Tante. Meine Eltern sagen, dass meine Tante hinterhältig ist und Kinder aushorcht. Ich bin gern bei meiner Tante, aber ich weiß ja nicht! Wenn meine Eltern das nicht gut finden! Die müssen das ja wissen. Meine Tante sagt, dass ich nicht dick bin und die glaubt, dass ich nicht dumm bin. Aber ich meine, das kann ja nicht stimmen, wenn ich nicht dumm wäre, dann wäre ich ja gut in der Schule. Aber so!"

Stefan stöhnt.

„Erzählen sie das meinen Eltern? Ich darf nichts erzählen von zu Hause, dann ärgert sich meine Mutter, weil meine Eltern sich ja ganz viel Mühe mit mir geben. Ich soll nicht so undankbar sein. Ich soll mich anstrengen und konzentrieren. Warum schaffe ich das bloß nicht?

Der Test hat ergeben, dass ich nicht dumm sein soll, aber das kann ich nicht glauben, dann müsste ich doch anders sein und Sachen wissen und normal schreiben können! Meine Eltern sagen auch, dass meine Schonfrist jetzt vorbei ist. Mein Vater sagt, dass jetzt andere Seiten aufgezogen werden. Oh Mann!

Ich würde so gerne skaten, das fände ich schön, wenn ich mal was anderes tun könnte als lernen. Ich darf vielleicht, wenn ich überall eine zwei hab. Aber das schaffe ich nie. Wenn ich Sachen vergesse mit in die Schule zu nehmen, dann gibt das Punktabzug. Die hängt ja über meinem Schreibtisch, die Punkteliste. Ich hab so viele Minuspunkte, diesen Monat darf ich gar nicht mehr raus."

Stefan seufzt tief.

„Manchmal mach ich dann ganz leise Musik an, dann hör ich was Schönes. Das dürfen meine Eltern nicht merken. Es gibt Musik, die Geschichten erzählt, das hat meine Tante mir verraten. Das ist toll. Meine Tante hat mir eine CD von Saint-Saens geschenkt. Da kann ich immer an was Schönes denken. An all die Tiere, ich hätte auch so gern ein Haustier! Am schönsten auf der CD finde ich den Schwan, weil der so leicht und aufrecht schwimmt. Das ist ein stolzes Tier, und der sieht auch klug aus. Ich glaub, der Schwan von der CD, der kann alles."

Stefan strahlt zum ersten Mal begeistert.

„Ob ich irgendetwas gut kann?"

Stefan wird sehr ernst.

„Das glaube ich nicht."

Er muss lange überlegen.

„Oder vielleicht: Ich kann gut leise sein und nicht weinen, wenn mir was weh tut. Ich kann gut Geheimnisse behalten. Ja, das kann ich. Aber dafür kriege ich keine Punkte."

Kommentar:

Es gibt Geschichten, die machen mich sprachlos. Da gibt es zwei Welten. Die Welt von außen, mit Maßstäben, wie Stefan zu sein hat. Stefan kann sie nicht erreichen, unerreichbar hoch ist die Messlatte, so scheint es. Und da ist die Innenwelt, in die offensichtlich seit Jahren Abwertungen einsickern und allmählich zum Selbstbild werden. So wird die Bewertung von außen nicht nur zu einer Quelle ständigen Drucks, sondern auch zu einer sich selbst erfüllenden Prophezeiung: Wer in der Schule nicht klarkommt, muss ja dumm sein. Dann kann sogar der Intelligenztest nicht stimmen!

Stefan zeigt, wie unabdingbar es ist, die Innenwelten der Kinder ernst zu nehmen. Und er zeigt, dass Druck lähmt und unmöglich macht zu lernen. All unsere Erfahrungen werden von den Ergebnissen moderner Hirnforschung bestätigt: Je höher der Druck, desto geringer die Lernergebnisse. Wie Stefan, geraten viele Kinder so in Not, dass sie erstarren und innerlich nur noch mit ihrer Angst und ihrem scheinbaren Unvermögen beschäftigt sind, dass jede Art des Lernens unmöglich wird. Bei Stefan und anderen Kindern in ähnlichen Situationen gilt: Druck weg und Lob her. Selbstbewusstsein und Freude schaffen einen Boden für Veränderungen.

U.B.

„In einer anderen Welt."

Carola, 12 Jahre alt,
Gymnasiastin, kommt seit einem Jahr zur Einzeltherapie, da sie verstummte, für ihre Eltern unerreichbar erschien und keinerlei Anschluss an eine neue Klassengemeinschaft hatte. Sie hat eine starke Verbindung zu Künstlerischem und Farben, sie spricht auffallend gutes Hochdeutsch. In Bayern wurde in der Grundschulzeit ADS bei gleichzeitiger Hochbegabung diagnostiziert. Carola überlegt, ob ihre Therapie zu Ende sei.

„Ich weiß nicht so genau, ob ich jetzt schon aufhören kann mit der Therapie. Ich bin nicht ganz sicher. Ich glaub, ich brauch doch eher noch ein bisschen Zeit."…

„Puh, an die Zeit vor der Therapie möchte ich lieber nicht mehr denken. Irgendwie war alles schwarz in meinem Leben. Ich hatte keine Freundin, wirklich gar keine, ich fühlte mich so komisch dicht. Alles war wie in einer Nebelwand. So, als wäre ich eigentlich noch in Bayern, wo meine Freunde waren. Mir ist das jetzt erst aufgefallen, wann ich so stumm wurde, wie Sie meinten. Damals war das, als wir umgezogen sind. Genau da. Ich weiß noch, als wir aus der Maschine stiegen in Düsseldorf und ich mir etwas am Kiosk kaufen wollte. Da war das zum ersten Mal, das mich jemand nicht verstand. Die Bedienung wusste nicht, was ich meinte. Das fand ich erst mal nur komisch. Aber als ich dann in der neuen Klasse vorlesen musste, einen richtig langen Text, und alle haben gelacht, wirklich alle, da wollte ich nicht mehr sprechen, ich bin wohl stumm geworden. Ich hab eben einfach nichts mehr gesagt. Erst nur in der Schule, aber dann auch immer mehr zu Hause. Meine Mutter hat mich dann immer genervt, dass ich ihr endlich was erzählen soll, was aus der Schule, aber ich wollte einfach nicht. Ich war am liebsten allein in meinem Zimmer, bei meinem Computer. Da war alles so lustig und spannend. Meine Mutter ist immer so traurig, seit mein älterer Bruder verunglückt ist, und dann bohrt sie immer so. Da hab ich Angst, dass sie nachher noch mehr weinen muss, wenn ich auch noch erzähle!

Das war auch richtig gut, nicht zu sprechen. Ich war in einer anderen Welt mit lustigen Feen und Kobolden. Da konnte ich so schön träumen. Auch im Fernsehen gucke ich am liebsten Comics mit Zauberwesen, die sind so lustig. In meiner Familie ist es viel traurig, ich find' es da nicht schön. Eigentlich sind alle sehr nett, aber ich möchte eben lieber in meinem Zimmer sein. Bei uns waren alle am liebsten in ihrem Zimmer, außer meine Mutter, die wollte immer alle in unser Wohnzimmer holen. Aber das wollten wir nicht. Ich war einfach froh, wenn ich meine Ruhe hatte und auch alles rumfliegen lassen konnte und nicht immer aufräumen musste, wie meine Mutter das wollte.

Jetzt ist alles anders. Ich bin ein glücklicher Mensch. Das hätte ich nach all dem Schwarzen nicht gedacht. Es ist, als ob die Sonne aufgegangen wäre und alles gelb erstrahlt. Ich habe eine beste Freundin, die Schule finde ich jetzt schön. Ich spreche auch nicht mehr bayrisch, ich kann jetzt hochdeutsch, ich werd nicht mehr ausgelacht. Jetzt freu ich mich, wenn die anderen lachen. Es lacht ja keiner mehr über mich.

Ich find' es so richtig toll in den Pausen, wenn es ganz laut ist in der Klasse, wenn kein Lehrer da ist, dann ist es so lebendig. Nicht mehr so wie früher zu Hause, nicht so, wie ein Grab. Aber zu Hause ist es jetzt auch anders. Ich komme jetzt öfter aus meinem Zimmer. Ich find das jetzt wieder schön zu erzählen. Ich weiß nicht so genau, wie das gekommen ist, aber ich glaub, das fing an, als wir ein paar mal mit der ganzen Familie hier waren. Als wir alle mal über uns gesprochen haben. Zuerst fand ich das sehr komisch, dass alle hier so reden, sogar meine große Schwester – und dann auch alle weinen, sogar mein Papa. Oh Gott. Aber irgendwie sind jetzt alle fröhlicher. Meine Mutter nervt mich nicht mehr so, ich glaub, weil sie öfter wieder mit meinem Papa was macht und ich auch schon mal freiwillig was erzähle. Und ich räum auch eher mal auf, weil ich das Chaos selbst nicht mehr schön finde. Ich versuch auch mal, selber meine Schulsachen zusammenzuhalten und kümmer mich selber drum, sie wiederzubekommen, Ich bin ja jetzt auch größer. Ich verliere weniger Sachen. Und das ist jetzt nicht mehr so das Drama. Meine Mutter meint, ich sei ordentlicher und offener geworden. Also, perfekt bin ich nicht. Ich hab' Einsen und Zweien auf dem Zeugnis. Schlecht bin ich nicht in der Schule. Ich pass auch besser auf. Das ist, als hätte ich seit neustem ein unsichtbares Schallschutzschild. Also, das ist im Kopf und jetzt auch um mich rum. Das lässt sich schwer beschreiben, aber früher, als es schwarz war, da hatte ich das nicht. Da ist jetzt auch eine Schaltzentrale innen, die sagt: ‚Alle Löcher schließen, Träume abstellen, nur noch die Stimme des Lehrers darf durch!'...

Komisch, dass mein Papa meint, er wäre früher genauso gewesen wie ich. Auch so schlampig und so allein. Vielleicht hatte er auch ADS, meint er. Das weiß ich nicht so genau. Mein Papa hat früher auch immer allein in seinem Zimmer gesessen. Aber das wissen Sie ja. Ich fand das einen richtigen Schock, als der Papa darüber geweint hat hier. Aber als er meine Hand genommen hat und sagte: ‚Und dir soll das nicht so gehen, Schatz. Das wär das Letzte, was ich will!', da war ich wirklich platt. Seitdem ist der Papa oft früher zu Hause und macht was mit mir. Das ist richtig schön, das ist ein Teil von meinem neuen Glücklichsein. Wirklich!

Das schöne Gefühl, als Papa meine Hand genommen hat,

das merk ich immer noch in meinem Magen. Da merk ich so was immer. Früher war das da in meinem Magen nur schwarz. Scheußlich ..."

Sie verzieht angewidert den Mund.

„Ja, was könnte noch kommen, wenn ich weiter Therapie mache. Eigentlich möchte ich nur, dass alles so bleibt, wie es jetzt ist. Ich weiß ja auch nicht, ob es noch ein bisschen schöner geht, wie das dann wäre. Das kann ich mir nicht vorstellen, so wie ich mir, als alles schwarz war, ja auch nicht vorstellen konnte, dass es gelb sein kann wie jetzt."

Carola denkt angestrengt nach.

„Wünschen würde ich, dass ich noch etwas offener würde. Dadurch habe ich ja auch meine Freundin bekommen. Ich war offen und dann kam sie – und da hat das gepasst. Wenn ich noch ein bisschen offener würde, könnte ich vielleicht noch ein oder zwei Freundinnen bekommen. Wenn es noch schöner wäre, müsste ich nicht mehr so viel träumen im Unterricht. Ich möchte doch noch ein bisschen hierhin kommen, merke ich. Ein paar mehr Freunde wären noch besser. Und dass ich ganz sicher nicht mehr so eine schweigende graue Maus werde, wie ich war, als ich aus Bayern hierhin kam."

Carola lacht froh ...

„Da fällt mir der Affe von Sonntag aus dem Zoo ein, der hat immer ganz laut geschrien und den Leuten Nüsse nachgeworfen, einem Jungen die Kappe weggeschnappt und nur Unsinn gemacht. Der konnte total genau zielen, der konnte mit links und rechts alles gleich und der wusste immer genau, wo der hinwollte. Der war so laut und so lustig, so würde ich, glaube ich, gern ein bisschen werden."

Kommentar:

Carola ist nicht hyperaktiv, sondern verstummt. Auch hier ist mir wieder unerfindlich, was das mit einer „Aufmerksamkeitsstörung" zu tun haben soll. Der Umzug aus Bayern, das Unglück ihres Bruders – Lebensumstände haben sich für Carola verändert, was sie wie manch andere Kinder nicht bewältigen konnte. Sie ist verstummt, weil sie nicht laut trauern konnte. In der Familie war Trauer ein heikles Thema. Sie ist verstummt, weil sie mit ihren Gefühlen allein blieb. Da legte sich Dunkelheit über ihr Innenleben. Sie ist verstummt, weil obendrein Beschämung dazu kam.

Die ungelebte und die ungeteilte Trauer verlangt alle Aufmerksamkeit. Sie wirkt wie ein Magnet, die alle Energie nach innen zieht. Dadurch träumt Carola, verschließt sich und verstummt. Wird die Trauer geteilt, von der Familie und darin wohl vor allem vom Vater, dann kann Carola lauter und offener werden, dann kann sie ihre Energie, ihre Lebendigkeit mehr nach außen richten.

U.B.

„Das ist so wie eine Heimat."

Karlo, 14 Jahre alt,
seit der Grundschulzeit mit „ADHS" diagnostiziert, medikamentös eingestellt seit drei Jahren, kommt in die Beratung, weil er auf seine Lehrer abwesend und sehr unglücklich, fast apathisch, dabei unruhig wirkt. Lebt mit seinem älteren behinderten Bruder und seinen Eltern zusammen.

„Eigentlich fand ich das ziemlich doof, dass meine Lehrer meinten, ich solle mal zur Beratung. Ich fand doof, dass die jetzt auch noch wollen, dass ich ruhiger werde. Nur: Ich find mich ruhig, also wenigstens nicht wild oder hyperaktiv, na ja, ein bisschen nervös vielleicht im Unterricht. Zu Hause bin ich sowieso total ruhig. Meine Mutter könnte das nicht vertragen, wenn ich laut wär'. Die hat mit meinem Bruder genug zu tun. Mike kann ja nichts dafür, dass er nichts kann. Er braucht eben immer jemanden, der was mit ihm macht. Ich fahr ihn, so oft ich kann, im Rollstuhl rum und helfe oder spiel mit ihm. Klar, dass meine Mutter das nervt. Der Mike, der brabbelt ja immer vor sich hin und sie muss ihn überall mit rumschleppen. Mein Vater hilft schon auch, wenn er da ist, aber der muss ja Geld verdienen auf Montage und da braucht die Mama einen Mann zu Hause ..."

Karlo guckt traurig, verloren.

„Ich glaub, das Viele mit dem Mike, das hat meiner Mutter das Herz gebrochen. Die hat ganz oft schlimme Herzschmerzen – ich hab schon Angst, dass meiner Mutter mal was passiert. Einmal hat sie das auch gesagt: ‚Wenn ihr hier weiter so rumschreit, dann kriege ich noch einen Herzinfarkt!'"

Karlo weint, leise, läuft nun aufgeregt suchend durch den Raum.

„Ich streng mich zu Hause total an, echt. Ich reiß mich immer zusammen, ich will nicht, dass meiner Mutter was passiert. Wie sollte das dann mit Mike werden? Da krieg ich richtig Angst, wo mein Vater doch immer ganz lange weg ist. Wir haben hier auch keine Verwandten."

Schweigen.

„Jetzt ist es wieder so still. Das mag ich gar nicht. Ich hab das nicht gerne, wenn es still ist. Schon mal, wenn ich allein zu Hause bin, dann ist mir ganz komisch, wenn alle weg sind. Dann – ah, ich mag das nicht. Dann hör ich diesen komischen Ton in meinem Ohr. Der ist richtig furchtbar, so schrill und andauernd. Ich hab noch nie irgendwo über den gesprochen, ich hab den ja auch schon immer. Der macht mich richtig nervös. Ich hab das schon ganz lange, und immer, wenn es still ist."

Karlo nimmt eine Triangel und schlägt sie ununterbrochen an.

„So, andauernd. Puh. Wenn alles laut ist, dann hör ich den nicht, aber eben, wenn ich alleine bin oder im Unterricht, wenn wir leise arbeiten sollen, dann ist er wieder da, der Ton. Das macht mir richtig Angst, dieses Geräusch."

Karlo spielt erneut laut und anhaltend Triangel. Ich frage ihn, was der Ton ihm sagt.

„Irgendwie sagt der Ton: „Karlo, pass auf dich auf. Irgendwie so: Du bist auch noch da. Eigentlich finde ich den jetzt gar nicht so schlimm, eher wie so eine Alarmglocke. Eigentlich müsste ich, glaube ich, einfach öfter schreien – aber das geht nicht!"

Karlo schluckt sehr aufgeregt.

„Ich glaube, mit meiner E-Gitarre, das ist wie Schreien. Ich spiel jetzt seit einem halben Jahr. Also zu Hause nur akustisch, ganz leise. Aber mein Freund, der hat einen Probenraum und da können wir dann so voll aufdrehen und dann vergess' ich alles. Ich hör dann den Ton im Ohr auch nicht. Den vergess' ich sowieso manchmal, eben nur nicht, wenn ich allein zu Hause bin. Oft nehm' ich mir dann die Gitarre und spiel leise, damit meine Mutter sich nicht aufregt, wenn die nach Hause kommt. Der Krach könnte sie ja erschrecken, aber ich spiele so leise, wie das nur irgendwie geht. Wenn ich Gitarre spiele, fühl ich mich sogar sicher, wenn keiner zu Hause ist. Ich spiele ganz viel, manchmal sogar noch abends unter der Bettdecke, wenn ich Mikes Gekreische mal wieder so gar nicht aushalte. Mit der Gitarre, ich glaub, da schaff ich es schon."

Karlo guckt sehr optimistisch.

„Schön ist es auch am Bahnhof, bei den Punks. Ich war da zweimal. Ich darf da nicht hin, eine Freundin meiner Mutter hat mich da gesehen und hat gesagt, dass sie meiner Mutter das sagt, wenn sie mich da noch mal erwischt. Also geh ich nicht mehr hin. Aber da mag ich es. Das ist wie eine große Familie, manche haben einen Hund. Ich hätte auch gerne einen. Und da kannst du sein, wie du bist. Laut grölen oder einfach abhängen, da fragt auch keiner viel. Das ist so wie eine Heimat. Alle sind richtig nett. Ich glaube, da könnte ich auch leben. Das eine Mal hab ich auch meine Gitarre mitgenommen, ein Typ aus dem Proberaum ist da auch immer. Punksein ist schon cool!

Schweigen.

„Oder Gitarrist! Ich glaub, ich werd mal Gitarrist. Was anderes kann ich mir nicht vorstellen und mein Lehrer meint, ich sei für die kurze Zeit, die ich spiele, saugut. Vielleicht kann der Mike ja später auch woanders hin und ich hole den dann immer zwischen den Auftritten. Oder mein Vater ist dann nicht mehr so viel weg. Wenn ich Gitarrist bin in einer guten Band, dann bin ich nicht mehr unruhig. Da bin ich sicher."

Kommentar:

Kinder lieben ihre Eltern und tun viel für sie, oft mehr, als die Eltern mitbekommen. Oft übernehmen sie dabei mehr Verantwortung, als ihrem Alter gemäß ihnen gut tut. Die Folge ist eine anhaltende Überforderung. Karlo ist damit überfordert, „den Mann im Haus“ zu ersetzen, für den behinderten Bruder zu sorgen und gleichzeitig noch den drohenden Herzinfarkt der Mutter zu verhindern. Diese Überforderung ist das Thema. Karlo hat kein Aufmerksamkeitsdefizit, sondern eine äußerst hohe Aufmerksamkeit für seine Familie.

Und ist es nicht ein Wunder, wie Kinder wir Karlo immer wieder Wege finden, die ihnen gut tun, Mittel wie die E-Gitarre, die das, was in Karlo zu kurz kommt, das, was in ihm brodelt, herauslässt?!

U.B.

„Dann hätte mein Leben, glaube ich, einen Sinn!"

Felix, 11 Jahre alt,
fällt in der Schule durch unkontrollierte Ausraster auf. Es gab in der Grundschulzeit unterschiedliche Diagnosen, sie reichen von Hochbegabung bis zum „ADHS". Felix kommt mit Einverständnis seiner Großeltern, bei denen er mit einem Bruder lebt, seit einem Jahr gerne zur Einzeltherapie. Seine Schwester lebt noch beim Vater, seine Mutter ist seit 9 Jahren tot. Während der Stunden braucht er viel Bewegung.

„Ich bin froh, dass ich jetzt hier drin bin. Puh, gerade noch geschafft. Ich bin noch ganz aufgeregt. Ich werde da draußen immer gejagt von den anderen. Und gerade wurde ich von drei 9.-Klässlern verfolgt. 9. Klasse, wissen Sie, was das heißt? Die sind sooo groß." Er zeigt hoch an die Decke.

„Kann ich wieder laufen und Sie stoppen die Zeit? Und sagen Sie wieder, ob ich heute gut laufe? Mal sehen, ob ich so schnell bin wie letztes Mal. Ich muss fit sein, damit ich schnell bin. Wenn ich nicht schnell bin, dann kann ich nicht schnell genug weg, wenn die mich verfolgen. Mich verfolgt immer einer. Und wenn die jetzt noch mein Versteck finden, dann bin ich geliefert. Booah, ich lauf noch weiter, ja, da gucken Sie, ich bin echt schnell. Ich war ja auch im Leichtathletik, ich hab ja immer trainiert, als ich noch bei meinem Vater wohnte. Vorbei. – Zum Glück."

Felix fällt keuchend auf die Matten.

„Ich bin froh, dass ich meinen Vater nicht mehr sehen muss. Echt. Der war brutal und gemein. Wenn ich was nicht gemacht habe, wie der wollte, oder nicht perfekt, dann hat der mich unter die kalte Dusche gehalten. Das war kalt. Prust. Ich hab auch nicht geschrien oder so, weil , wenn man schreit, dann macht der das noch schlimmer. Ich hab dann fast gar nichts mehr gesagt, ich bin möglichst viel draußen spielen gegangen. Oder ich hab gelesen und mich unter meiner Bettdecke verkrochen. Da war es schön und dann hab ich das andere auch richtig vergessen. Wirklich. Ich hatte immer Angst, dass ich einen Fehler mache. Immer. Ich hab mir sehr Bücher zum Lesen gewünscht, aber gab es nicht! Mein Vater sagte, dass ich mich dafür, dass ich was kriege, erstmal bessern muss. Jetzt fällt mir so eine Werbung ein, die ich mal gesehen habe. Ich weiß nicht, ob Sie die kennen, da springt ein Hund nach einem Leckerli hoch, höher und höher, und auf einmal wird der voll gegen die Scheibe geschleudert. Davor habe ich Angst. Mein Vater hat über diese Werbung total gelacht. Der fand das lustig.

Ach, jetzt kann ich wieder laufen. Sie müssen aber auch stoppen, ja?

Außer Laufen kann ich eigentlich nichts gut, glaube ich. Ich kann nichts perfekt. Ich kann ja auch nicht die Computerspiele. Meine Großeltern möchten nicht, dass ich das spiele. Ich weiß gar nichts, wenn die anderen aus meiner Klasse was erzählen davon. Deshalb finden die mich, glaube ich, auch komisch. Die nennen mich immer Bücherwurm oder Bayer oder so. Die sagen, ich spreche so komisch. Alle, die ärgern mich alle. Das gehört zu meinem Leben wohl. Das ändert sich bestimmt nicht mehr. Sonst hat sich ja schon viel geändert. Ich raste ja nicht mehr aus, seitdem ich hierhin komme. Hier ist wie eine Ruheinsel für mich. Wenn ich dann hier rausgehe, dann kann mir nichts mehr passieren für diesen Tag. Da bin ich einfach sicher, ich weiß, hier passiert mir nichts. Ich freu mich an den Bildern an den Wänden und einfach so, wie das hier ist ... Ich überleg immer noch, was ich perfekt kann. Ich glaub, ich kann gut basteln. Ich bastle oft was für meine Oma oder meinen Opa. Wenn das nicht perfekt aussieht, werde ich wütend und schmeiß das in die Tonne. Als ich noch bei meinem Vater wohnte, da hab ich manchmal überlegt, einfach in die Tonne zu klettern und dann würde ich abgeholt und weggebracht. Aber nachher falle ich da in den großen Müllwagen. Davor hätte ich Angst. Ich hab viel Angst. Ich bin nicht gern allein. Ich bin froh, dass ich bei meinen Großeltern wohne. Seit ich da bin, weiß ich, dass ein Leben Spaß machen kann. Ich entdecke Lebensfreude. Ich lerne, was Liebe ist."

Felix schaut mich sehr vertrauensvoll an und setzt sich kurz neben mich.

„Manchmal hab ich schon Angst, wenn ich Fehler mache, dass meine Großeltern sagen: Ab, zurück zu deinem Vater. Aber ich hab die ja gefragt, als wir bei Ihnen waren, und die sagen ja, die machen das nicht. Ich glaube denen das. Meinen Großeltern kann ich vertrauen, das spür ich. Ich spüre so was sehr genau, in meinem Herzen. Ich hoffe, meine Großeltern sterben nicht." Felix atmet schwer und läuft wieder durch den Raum.

„Ich bin auch froh, dass ich jetzt in der Gang bin. Ich brauche Leute, die mir helfen, wenn ich verfolgt werde. Ich bin jetzt schon Masterkrieger, das ist eine ganz hohe Stufe. Master wird man, wenn man die Jobs, die die anderen einem geben, perfekt ausführt. Sowas, wo man Mut zu braucht, irgendeinem Großen was wegnehmen oder einem Großen eine schlagen. Ja, kann auch klauen sein, das musste ich noch nicht. Ich glaub, ich schaff noch Superkrieger, ich weiß noch nicht, was ich dafür tun muss. Auf jeden Fall will ich dabei bleiben in der Gang. Ich bin ja nicht gerade der Größte! Wenn ich jetzt angegriffen werde, kommt die ganze Gang. Dann sind wir ganz schön stark."

Felix streift durch den Raum. Er pfeift.

„Nein, ich möchte nicht auf einem Instrument spielen, das wissen Sie ja. Ich habe Ihnen ja gleich gesagt, dass ich Wissenschaftler werden will, dass ich kein Musiker bin. Also, das brauchen Sie mich gar nicht wieder zu fragen!

Jetzt weiß ich nicht genau, was ich machen möchte. Am liebsten hätte ich, wenn Sie mir wieder ein Buch vorlesen, am liebsten das, das Sie so schwierig für mein Alter finden, und ich dabei mit dem Ball spielen kann und zwischendurch wieder sagen kann, was mir einfällt. Im Unterricht darf man das ja nicht, dazwischenreden. Da muss ich meine Gedanken immer festhalten, das finde ich schön hier, dass ich erzählen und laufen darf."

Felix holt, wie schon in der letzten Stunde, sein neu ernanntes Lieblingsbuch : „Der träumende Delfin" von Sergio Bambaren.

Schon in einigen Stunden spielten Bücher eine wichtige Rolle. Felix rollte und kegelte einen Ball, lauschte sehr aufmerksam meinem Vorlesen. An manchen Stellen unterbrach er höflich mit: „Entschuldigung, einen Augenblick, bitte, ich muss etwas sagen!"

„Aber zuerst meine Lieblingsstelle, bitte!", meint er heute. Ich lese die bekannte Passage.

„Träume bedeuten vielleicht
ein hartes Stück Arbeit.
Wenn wir versuchen, dem auszuweichen,
können wir den Grund,
warum wir zu träumen begannen,
aus den Augen verlieren,
und am Ende merken wir, dass der Traum

gar nicht mehr uns gehört.
Wenn wir einfach der Weisheit unseres Herzens
folgen, wird die Zeit vielleicht dafür sorgen,
dass wir unsere Bestimmung erfüllen.
Denk daran:
Gerade wenn du schon fast aufgeben willst,
gerade wenn du glaubst, dass das Leben
zu hart mit dir umspringt,
denk daran, wer du bist.
Denk an deinen Traum."

„Ach, das ist so toll und jetzt weiter von da, wo wir waren, bitte."

Er genießt sehr und scheint die Worte förmlich in sich aufzusaugen.

„... Aus jedem Manöver versuchte er, etwas zu lernen, und anstatt enttäuscht zu sein, wenn ihm etwas misslang, bemühte er sich stets, das Beste daraus zu machen, indem er seinen Fehler erkannte und alles daransetzte, ihn bei der nächsten Welle zu vermeiden."

Felix wirkt ganz aufgeregt. „Ich bin genau wie der Danieldelfin, genau so. Dass es das gibt! Weiter, weiter!"

„... Die meisten von uns sind nicht in der Lage, über ihre Misserfolge hinwegzukommen; deshalb gelingt es uns auch nicht, unsere Bestimmung zu erfüllen. Es ist leicht, für etwas einzutreten, das kein Risiko birgt."

„Ich hab das geschafft", sinniert er, nun nah bei mir sitzend, „das habe ich wirklich geschafft. In meiner Klasse, der Torsten, der braucht dringend Therapie, aber der möchte das nicht. Ich muss unbedingt wieder mit dem reden. Man kann über alles hinwegkommen, wenn man nur will." Felix sieht sehr ernsthaft aus.

„... Er war auf der Suche nach der perfekten Welle, die ihm eines

Tages zeigen würde, worin der wahre Sinn seines Lebens lag.“

„Oh Mann, das würde ich auch mal gerne wissen, was der Sinn des Lebens ist. Darüber denke ich nämlich immer nach. Aber: Es gibt keinen und das finde ich schlimm. Das quält mich richtig, dass die ganze Welt keinen Sinn ergibt.“

„... Es kommt eine Zeit im Leben, da bleibt einem nichts anderes übrig, als seinen eigenen Weg zu gehen.“

„Das mach ich, das mach ich schon!“ Felix wirft aufgeregt den Ball an die Decke.

„Jetzt verstehe ich!“, sagte er mit triumphierender Stimme. „Die perfekte Welle kommt nicht auf mich zu. Ich muss sie selbst finden!“

„Aber wie soll ich die finden?“ Felix guckt ehrlich verzweifelt. „Sie fragen, welchen Sinn ich meinem Leben geben möchte? Das ist ja eine schwierige Frage. So herum hab ich mich das noch nie gefragt. Ich glaube, ich möchte Kindern helfen, denen es nicht gut geht. Ich glaube, ich könnte mit denen sprechen und für die da sein. Wenn ich das später tun würde, dann hätte mein Leben, glaube ich, einen Sinn.“

Felix sieht beruhigt aus.

„... Vielleicht bedeutet Liebe auch lernen,
jemanden gehen zu lassen,
wissen, wann es Abschiednehmen heißt.
Nicht zulassen, dass unsere Gefühle dem im Weg stehen,
was am Ende wahrscheinlich besser ist
für die, die wir lieben.“

„Oh Mann, meine Schwester, die muss da weg bei meinem Vater. Ich muss ihr das sagen!“ Felix wirkt verzweifelt.

„Aber die wird das schon noch merken, glaube ich!“

Aufgeregt möchte er das Buch nun selbst in die Hand nehmen, die Bilder ansehen, Blätter hin- und herwenden, schon ans Ende springen.

„Ich les nicht gerne vor, aber hier steht das, was das Meer sagt, das ist es:

„Einige Dinge werden immer stärker sein
als Zeit und Raum,
wichtiger als Sprache und Lebensart.
Zum Beispiel, deinen Träumen nachzugehen
und zu lernen, du selbst zu sein.
Mit anderen das wunderbare Geheimnis
zu teilen,
das du entdeckt hast.“

„Ich werd meiner Schwester einfach das Buch schicken. Ja, das mach ich.“

Kommentar:

Und wieder ein Kind, das so viel Abwertung erfahren hat. Felix hat zwei Schutzräume, die Großeltern und die Therapie. Doch das, was ihn beunruhigt hat, wirkt nach. Die innere Unruhe lässt sich nicht einfach abstellen. Aber sie lässt sich respektieren und so umwandeln. Die Unruhe von Felix wird in der Therapie respektiert. Er darf herumrennen, er darf erzählen, ihm wird zugehört. Wieder einmal: Wie wenig ist so viel! Die Unruhe leben zu dürfen, ist für ihn ein Ort der Ruhe.

Wenn er seine Unruhe leben darf, kann er sie positiv nutzen, kann sich sein Interesse, seine Neugier entfalten. Kindern wie Felix muss man keine Richtungen vorgeben, sie finden sie selber. Felix über Bücher und über Gespräche. Wir staunen in der Therapie immer wieder darüber, welche tiefsinnigen philosophischen Gedanken sich Kinder machen. Finden sie dafür Respekt und Resonanz, blühen sie auf. Aus ihrem Interesse und dem Respekt, der ihnen entgegengebracht wird, entsteht Gerichtetsein, nicht aus dem Druck.

U.B.

„ ... weil es sich innerlich oft so leer anfühlt."

Jessica, 28 Jahre alt,
Grafikerin, alleinlebend, hat vor 8 Jahren die Diagnose ADHS bekommen, zieht eine Zwischenbilanz nach mehreren Monaten Kreativer Leibtherapie

„Kaum spüre ich Ruhe, gerade für einen Augenblick, und schon laufen mir die Tränen. Sehen Sie das? Das ist doch furchtbar. Sobald ich auch nur Luft hole und durchatme, mir einen Augenblick Zeit nehme, mich zu spüren, muss ich weinen. Jetzt bin ich schon 28 Jahre alt und habe so lange Zeit gebraucht, bei mir anzukommen, zumindest etwas, oder bin ich es doch nicht?"

Jessica schielt unsicher in mein Gesicht, ihr Blick wechselt unruhig zwischen verschiedenen Punkten im Raum. Immer wieder greift sie nach Taschentüchern, wirft diese mit wütend wirkenden Gesten auf die Erde.

„28 Jahre Rasen und Rennen, atemloses Jagen. Andere haben oft zu mir gesagt: ‚Mensch, Jessi, bist du hektisch!'

Ich habe das eigentlich gar nicht bemerkt. Deshalb fand ich das am Anfang der Therapie so irritierend, wenn Sie gefragt haben: ‚Was ist jetzt, Jessica?'

Immer wieder diese Frage!

‚Jetzt, jetzt, jetzt!', habe ich mich dann fast geärgert, ich wollte nicht wissen, was jetzt ist, was ich jetzt fühle. Ich wollte wissen, wie es weitergeht. Die Zukunft wollte ich klarkriegen, was ich machen werde. Ich wollte Lösungen, möglichst schnell: Trenne ich mich? Trenne ich mich nicht? Wechsle ich meinen Job oder nicht? Ich dachte, in der Therapie kriegst du Lösungen und Tipps, objektiv richtige Entscheidungen. Ich war irgendwie immer auf der Suche. Es musste doch einfach d i e Lösung, d i e Entscheidung geben, mit der alles anders wäre. Klar, es kann doch nicht sein, dass ich sieben Mal die Stelle wechsle und wieder im Unglück sitze. Wieder die falsche Entscheidung getroffen. Die xte Beziehung und wieder falsch! Da hat sich schon was in mir verändert. Letztlich ist nicht wichtig, welche Firma, welchen Mann ich wähle. Natürlich auch, Sie verstehen, wie ich das meine. Sondern wichtig ist, wie ich mich dahin mitnehme, wie ich da mit mir umgehe! Sonst ist es ja immer weiter nur Abhauen!“

Jessica hat aufgehört zu weinen, schaut fast versonnen, wirkt ruhiger.

„Davor bin ich wie im Affentempo davongaloppiert, bloß nicht dieses kleine verletzte Kind spüren, das ich in mir habe. Auch jetzt wieder in der neuen Firma. Eigentlich bin ich die Chefin, erwartete aber, wie ein kleines Kind behandelt zu werden. Vielleicht hatte ich zu früh zu viel Verantwortung, oder doch nicht, ich weiß es nicht, auf jeden Fall alle Schuld auf mich nehmen, das ist vertraut ...

Ich spür mich jetzt oft mehr, aber das ist eben auch oft mit Weinen verbunden. Manchmal hasse ich das. Schon wenn ich nur einen Ton anzupfe, höre ich mich und Dämme brechen. So fühlt sich das jedenfalls an. Aber das kennen Sie ja. Deshalb war das auch eine komische Entscheidung für mich, Musiktherapie zu machen. So komisch, wie ich oft bin. Ich will Musiktherapie, aber auf keinen Fall Musik machen. Ich will eine Beziehung und mich auf keinen Fall binden, ich will Karriere und auf keinen Fall Verantwortung.

Ich bin ja eine ganz schöne Herausforderung!

Erstaunlicherweise sind die Themen, mit denen ich gekommen bin, jetzt gar nicht mehr wichtig. Ob ich mich mal wieder trenne oder nicht, herrje, irgendwie wird es schon richtig weitergehen. Ich lerne immer mehr, mit mir zu leben, so wie ich bin, mich manchmal sogar ein bisschen zu mögen. Hyperaktiv eben! Aber diesen Stempel will ich eigentlich gar nicht haben. Mein Gott, was war das eine Erleichterung, als mir der erste Psychologe sagte: ‚Sie sind hyperaktiv!' Endlich eine Erklärung, wie ich bin. Ich habe Unmengen Bücher über diese Krankheit verschlungen, alles wollte ich wissen, war total froh, mich in diesen Beschreibungen wiederzufinden. Endlich eine Erklärung, warum ich so bin, wie ich bin. Aber als ich da neulich mit meinen Eltern noch mal drüber gesprochen habe, fand ich das gar nicht mehr gut. Mein Vater meinte, er habe schon immer gewusst, dass mit mir was nicht gestimmt habe. Hyperaktiv, das glaube er sofort. Da merkte ich, dass mir das nicht gefällt, dass er mich so einstuft. So eine Schublade. Ich habe den Eindruck, Menschen verändern sich, wenn sie so eine Diagnose hören. Sie haben ihren Karton, in den sie dich stecken können, gehen ein bisschen auf Abstand und finden sich schon ziemlich toll, dass sie so großzügig noch mit dir Kontakt halten, wo du doch eigentlich die Pest hast. Endlich haben sie in jedem Konflikt eine passende Erklärung: Du bist hyperaktiv. Das heißt: Ich, dein Partner, bin richtig, du bist falsch. Hyperaktiv eben. Am Anfang, als ich die Diagnose hatte, habe ich in meiner Begeisterung vielen davon erzählt: Hey, ich habe die Ursache, ich bin hyperaktiv. Aber seit ein paar Jahren mache ich das nicht mehr. Es gibt nur eine gute Freundin, die das jetzt aktuell weiß. Kollegen erzähle ich das keinesfalls."

Jessica unterstützt ihre Aussage mit starkem Kopfschütteln. Sie wirkt nun energisch und ein wenig verloren.

„Ich stehe dem ganzen Hyperaktivitätskram ziemlich kritisch gegenüber. Ritalin® nehme ich nicht mehr. Das habe ich mal bei Beginn einer Verhaltenstherapie angefangen, aber ich fühlte mich damit derartig schlaff und energielos, ich wollte manchmal nicht mehr aufstehen, da habe ich es gelassen. So wollte ich auch nicht leben: ruhig und dösig-lustlos. Auch die Sätze aus dem Training waren sehr massiv und haben mein Leben bestimmt:

„Du musst deinen Tag genauestens planen!"

„Du musst kleinschrittig handeln!"

„Du musst Rituale unbedingt einhalten!"

„Wenn du nicht deinen Schreibtisch aufgeräumt hast, darfst du nicht ... !"

„Belohne dich, wenn du alles eingehalten hast!"

In dieser Zeit fing ich an, extrem Sport zu machen, Marathon: viel geleistet. Ich darf viel laufen, war ja meine Belohnung. Dabei bin ich ziemlich abgemagert. Vielleicht bin ich ja extrem, aber als ich das Verhaltensprogramm ein Jahr durchgezogen hatte, fühlte ich mich nach jeder Kleinigkeit total am Ende. Wenn mein damaliger Freund nicht wie immer abends Salat, sondern Brot essen wollte, kriegte ich Heulkrämpfe. Es musste für mich alles gleich sein. Das war dann der Punkt, dass ich zum Psychotherapeuten ging. Nach einer Stunde Gespräch meinte er, ich hätte eine Zwangsstörung und er habe passende Medikamente. Nein, danke, darauf hatte ich wirklich keine Lust ..."

Jessica blickt mich unsicher suchend an, atmet schnell und flach.

„Ich möchte so etwas nicht, so diese Patientenrolle. Ich bin eher die Flippige. Die Chaotin, die macht, was ihr passt. Ich möchte mir nicht mehr vorschreiben lassen, wie mein Leben zu verlaufen hat.

‚Na, Jessica, auf wie vielen Baustellen arbeitest du gerade wieder?', frotzeln meine Kollegen manchmal und ich finde das jetzt nicht mehr schlimm. Ich kann eben gut viele Ideen locker gleichzeitig entwickeln, das sieht zwar unrhythmisch und unaufgeräumt aus, aber es hat meinen Rhythmus und meine Ordnung. Das habe ich nun gelernt. Und es kommt ja darauf an, dass ich gute Ergebnisse habe, so oder so. Endlich macht mir die Arbeit wieder Freude. So total durchgeplant, das nimmt mir jede Lebensfreude. Das bin ich eben nicht. Ich habe jetzt mehr meinen eigenen Lebensstil gefunden.

Obwohl, mein Stil, oje, da werde ich schon wieder unsicher. Es muss nur jemand kommen und sagen: ‚Wie lebst du denn, oder wie machst du das denn?', dann bin ich schnell verunsichert. Immer noch glaube ich der Sicht der anderen mehr als mir. Aber es wird besser.

Ich habe das halt nie klar gesehen. Ich war viele Jahre, eigentlich von ganz klein an, wie unter einer Nebelglocke. Es war besser, im Nebel herumzurasen als all die Verletzungen spüren zu müssen. Rennen und Vernebeln waren so was wie eine Strategie. Ich freu mich heute oft, mich zu spüren. Das ist für Augenblicke schön. Ich, so wie ich bin, melancholisch und heiter und unruhig und traurig. Ich habe eine ganz schöne Vielfalt. Auch eben hektisch, hyperaktiv! Und Weinen!"

Jessica verstellt ihre Stimme und verdreht ihre Augen, lacht unter Tränen.

„Ich leite ja nicht ohne Grund die Abteilung. Ich denke, dass ich schon was kann. Manchmal, bei Lob und Erfolg, schreit eben eine innere Stimme: ‚Die lügen dich alle an.' Ich habe beruflich ja einen richtigen Aufstieg gemacht, so richtig nach oben. Innerlich habe ich mich trotzdem viel unten gefühlt, ein Leben lang, Papas kleines Mädchen, das nichts kann und dem man alles abnehmen muss. Ich glaube, mein Vater braucht diese Überlegenheit heute noch. Und meine Mutter war einfach immer unten, depressiv. Das durfte niemand wissen. Wir sollten ja die Strahlefamilie sein. Immer so tun, als ob nichts wäre. Das hat mich wirklich ziemlich nervös gemacht. Eigentlich hätte das ja aufhören müssen, als ich zu Hause ausgezogen bin, aber ich habe dieses alte Gefühl oft noch stark in mir. Ich glaube, ich könnte nach Afrika auswandern und dieses alte ungute Gefühl wäre immer noch da: ‚Ich bin schuld, ich bin nicht richtig!' Denn alle spielen doch den Film: Hier ist alles wunderbar. Nur ich schaffte es nicht, perfekt mitzuspielen.

Vielleicht bin ich deshalb so oft umgezogen, wie auf der Flucht fast. Ich kannte es nicht, mich irgendwo zuhause zu fühlen. In mir schon gar nicht. Früher hörte ich mal bei Bekannten meiner Eltern dieses Lied, das hieß: Solang du in dir selber nicht zu Hause bist, von Peter Horton, glaube ich ... Als ich das zum ersten Mal gehört habe, habe ich durchgeweint. Und dann hab ich das Lied in allen Plattenläden gesucht, das war ja schon älter, und dann immer wieder angehört.

So was, wie in mir zu Hause sein, ist bis heute schwer. Ich kann das höchstens für Momente, dann geht es mir wieder verloren. Alles flüchtig, wie ich. Na ja, hierhin komme ich immerhin, oder will ich schon wieder weg? Manchmal weiß ich gar nichts."

Jessica lacht unsicher.

„Immer auf der Flucht. Ich bin wirklich bescheuert. Ich weiß, Sie mögen das nicht, wenn ich das über mich sage, aber wenn man das von klein auf gehört hat, jeden Tag. ‚Kind, du bist zu laut, zu unruhig, zu nervös, einfach zu ...!'

Meine Mutter sagte nicht: ‚Ich bin unglücklich, ich kriege mein Leben nicht in den Griff.', sondern: ‚Jessica ist zu laut, Jessica macht mich krank, Jessica raubt mir den letzten Nerv!'

Ja, das macht mich richtig wütend. Das war schon beeindruckend, wie viel Wut hier rausgekommen ist. Meterrollen voller Wut ...

Es ist gut, dass ich jetzt Kampfsport mache, da werd' ich eine Menge los. Ich möchte diesen alten Kram echt nicht mehr haben, ich find es weiter schwer, mit mir zu leben. Aber ich lern' es schon auch: dass ich mich nicht mehr innerlich so fertig mache, so auf mich draufschlage, wenn ich unruhig bin, sondern mich innerlich an die Hand nehme und mit mir laufe, statt mich permanent zu stoppen und fertig zu machen. Dann laufe ich eben auf und ab. ‚Ja, Jessica ist hektisch', Leute, dann guckt mich halt an.

Ich kann mich jetzt mehr lassen, wenn ich hektisch bin. Ich kämpfe nicht mehr gegen mich. Dann mach ich eben irgendetwas nicht zu Ende, sondern gleichzeitig noch ein paar andere Sachen. Ich werde schon meinen Zeitpunkt finden, die Dinge fertig zu bekommen. Bei Terminsachen habe ich es immer noch irgendwie hingekriegt.

Ich fand es überraschend, mitzubekommen, dass ich so viel um mich herum brauche, weil es sich innerlich oft so leer anfühlt. Nichts ist schlimmer, glaube ich, als diese innere Leere aushalten zu müssen. Das ist, als würde es keinen Verbindungsfaden mehr nach Außen geben. Ich glaube, wenn mein Schreibtisch leer wäre, alle Entwürfe fertig wären, mein Anrufbeantworter nicht blinken, mein Handy nicht klingeln würde, dann würde ich immer noch Heulkrämpfe bekommen. Mein inneres Kind braucht einfach Hyperaktivität!"

Kommentar:

„Alle spielen doch den Film: Hier ist alles wunderbar. Nur ich schaffte es nicht, perfekt mitzuspielen." So sagt Jessica. Dass das Innen und das Außen sehr auseinander klaffen, hören wir von zahlreichen hyperaktiven Kindern und Erwachsenen. Das gilt für Familien, in denen nach außen der Schein gewahrt werden muss. Das gilt für einzelne, die das, was sie innerlich bewegt, nicht nach außen bringen dürfen. Diese Kluft verursacht Leid. Denn eine enorme Energie wird aufgewendet, um den Deckel zuzuhalten und das zu bekämpfen, was immer wieder durchzubrechen versucht.

Manchen Menschen helfen die verhaltenstherapeutischen Regel- und Belohnungssysteme, vielen, wie Jessica, nicht. Für sie wirken sie wie der Versuch, ein Meer zu kanalisieren oder einen Vulkan zu zähmen. Solange Jessicas innere Leere ihre Erregung und Unruhe immer wieder anfachte, halfen keine Regelsysteme. Damit sei ganz gewiss nichts gegen Regeln gesagt. Menschen brauchen Regeln und sie können ein nützlicher Bestandteil von Therapien sein. Aber am wichtigsten ist immer, das, was einen Menschen beunruhigt, zu würdigen – dann können Regeln helfen, mit der Unruhe umzugehen. Wenn das, was beunruhigt, nicht gewürdigt wird, wenn nicht versucht wird, dies ernst zu nehmen und dort zu helfen, dann werden Regeln zum Zwangskorsett.

Jessicas Erfahrung mit der Diagnose „ADHS" hören wir, wie schon erwähnt, von vielen. Sie gibt einerseits und zuerst einmal Sicherheit. Endlich wissen, was los ist! Und sie ist eine Stigmatisierung, wird zu einem Abstempeln bis hin zu einem Ausgrenzen.

Und sie verführt dazu, das individuelle Leiden, die konkreten Besonderheiten jedes einzelnen Kindes, jedes einzelnen Menschen nicht oder nicht genügend zu beachten.

Jessica findet ihren Weg. Sie sucht und erhält Hilfe. Sie beschreibt das große „und“: Sie mag manches an sich nicht u n d sie fängt an, sich zu schätzen. Sie wird ruhiger u n d sie akzeptiert die innere Unruhe, die sie oft befällt. Sie akzeptiert ihre Besonderheiten. Wer in einer Wohnung wohnliche Atmosphäre empfinden möchte, muss sich nach und nach einrichten. Wer in sich wohnen möchte, muss sich Schritt für Schritt in sich einrichten. Wie Jessica.

U.B.

5

U. Baer

Rückblick – Interviews mit erwachsenen Betroffenen

Ich habe drei Erwachsene befragt, wie sie ihre Geschichte als sogenannte „ADS/ADHS"-Kinder erlebt haben.

Susanne N. (39J.): „Wie Liebhaben geht, wusste ich nicht!“

U.B.: „Sie sagen, Sie hätten als Kind ADHS gehabt. Woran haben Sie es gemerkt?“
Susanne N.: „Also, schon als Kind hatte ich immer das Gefühl, irgendetwas stimmt mit mir nicht. Bei mir sind nachts Krater aufgegangen, die auch meine Familie nicht erreichen konnte. Ich war immer weit weg, ich war immer unter Spannung, unter Druck. Außer, wenn ich für mich gespielt habe, in meiner eigenen Welt, dann war es eigentlich o.k. Aber sobald ich mit Familie und Kindergarten konfrontiert wurde, wurden meine Bewegungen eckig. Es entstand eine körperliche Überspanntheit. Um das wieder loszukriegen, fingen die Beine an zu schlenkern und die Arme. Ich wippte und machte komische Bewegungen, um diese Spannung wieder wegzukriegen. Ich hatte immer das Gefühl, ich muss gegen diese Spannung ankämpfen – aber nicht bewusst, denn es war eher etwas Unbewusstes. Dadurch kam natürlich der auffallende Bewegungsdrang und daran haben sie es als erstes gesehen. Oder ich habe ganz zurückgezogen in einer Ecke gesessen. Da kam niemand an mich ran. Dieses Trotzverhalten war wirklich ganz extrem.“

U.B.: „Können Sie sich erinnern, wie diese Spannung entstanden ist?“
Susanne N.: „Also, ich meine, dass viel in meiner familiären Situation zu suchen ist, dass ich unter dieser Spannung stand. Ich habe einen Bruder, der ist zwei Jahre älter als ich. Meine Mutter, das sage ich jetzt einfach so, war mit uns Kindern überfordert, mit ihrer Situation und auch mit meinem Vater. Mein Vater war

wahnsinnig streng. Er wollte uns abhärten und hat dann vor allem meinen Bruder über irgendwelche Geländer gehalten, damit er abgeschreckt wird. Und meine Mutter, wenn sie sich nicht zu helfen wusste, hat einfach draufgeschlagen. Meine Mutter hat sich geflüchtet ins Lesen. Sie konnte sich dann aufs Bett legen und lesen. Jetzt im Nachhinein gesehen: Wenn man dann ein- und zweijährige Kinder hat ... na ja ...

Mein Bruder muss sehr stark eifersüchtig gewesen sein auf mich, er hat mich stark traktiert als Säugling. Ich muss sehr viel geschrien haben, da ist körperlich etwas zurückgeblieben, das weiß ich. Und ich meine, dass mein Bruder versucht hat, mich umzubringen, und meine Eltern haben mich nicht geschützt. Meine Mutter konnte nicht und ich selbst nicht, weil ich zu klein war, und mein Vater war nicht da. Und wenn mein Vater da war, da gab es auch noch Druck, weil er immer meiner Mutter Druck gemacht hat. Ich denke, meine Mutter kam damit nicht zurecht und der Druck ging weiter an uns Kinder. Deswegen meine ich, dass mein ganzes Verhalten nicht vom Kopf her kommt, sondern von meiner familiären Situation her stammt."

U.B.: „Wie haben Sie sich zu schützen versucht?"

Susanne N.: „Es waren unheimlich viele Ängste da. Ich war immer froh, wenn ich in meine Welt konnte, spielen konnte, wenn ich raus in die Natur konnte. Auch war irgendwo diese absolute Sehnsucht nach meinem Vater, aber eigentlich auch das Wegwollen von meiner Mutter. Warum ich so von meiner Mutter wegwollte? Ich habe heute das Gefühl, der Schutz hat mir gefehlt. Und mein Bruder konnte mit mir machen, was er wollte. Mein Bruder hat mich traktiert, immer. Ich musste spielen, was der sagte, tun, was er sagte, aber ich hing emotional total an ihm. Den habe ich auf einen heiligen Sockel gestellt, das war mein Heiligtum. Wehe, einer hat was zu meinem Bruder gesagt, dann habe ich mich gewehrt und gesagt: ‚Das darf der nicht.', und habe richtig Mut entwickelt. Aber wenn es um mich selber ging … Dadurch konnte mein Bruder mit mir machen, was er wollte.

Der Druck war schlimm in Situationen, wenn man von mir Leistungen wollte, das konnte ich überhaupt nicht bewältigen. Wenn ich schnell eine Antwort geben sollte, wenn ich flink im Kopf sein sollte, dann war aus. Flink war ich nur mit meinem Körper, flink mit den Beinen. Ich konnte rennen wie ein Wiesel, ich war unheimlich körperlich geschickt, ich konnte Situationen, die mit Beweglichkeit zu tun hatten, sehr gut abschätzen, bin bewusst gar nicht gestürzt. Aber meine Eltern haben erzählt, dass ich ein paar Platzwunden am Kopf hatte. Das hat mich sehr stutzig gemacht, weil ich sonst ein absolutes Bewegungskind war. Mein Bruder hat mir mal angeblich aus Versehen einen Stein an den Kopf geknallt, beim Flippen am Fluss, da waren wir mal wieder, so wie immer, nur wir zwei allein. Danach hatte ich dann eine riesige Kopfplatzwunde. Ich kann es gar nicht richtig erzählen, ich stand immer unter Hochspannung und jetzt auch wieder."

U.B.: „Was hilft Ihnen, die Spannung abzubauen?"
Susanne N.: „Mein Thema ist ‚unter Hochspannung'. Und ich habe immer Mittel und Möglichkeiten gesucht, früher unbewusst, heute aber bewusst, um diese Spannung, die ich auch heute oft noch spüre, abzubauen. Also, für mich ist es ganz wichtig, dass nicht zuviel auf mich einströmt. Ich muss mich wahnsinnig schützen vor allem ‚zu viel'. Dann kann ich einfach nicht denken. Ich weiß nicht warum, aber es funktioniert nicht. Ich brauche sehr viel Struktur, ich organisiere mich. Ich brauche sehr viele Möglich-

keiten, um diese Spannungen abzubauen – das mache ich immer in Form von Sport. Ich mache mehrere Sportarten. Und wenn ich morgens manchmal allein bin, dann lege ich Musik auf und dann muss ich einfach tanzen. Also, das sind so meine positiven Wege, damit umzugehen.

Was mir auch hilft, sind Gespräche mit jemandem, dem ich vertraue. Das ist auch eine gute Möglichkeit. Aber es muss jemand sein, der Verständnis für mich hat. Wenn er es nicht hat, dann dreht es sich um. Ich merke richtig, wie sich die Stacheln hier aufstellen und dann geht wieder nichts mehr. Das heißt, ich bin wieder mundtot und es geht nichts mehr. Das Mundtote kenne ich von früher auch. Ich konnte nicht sprechen. Und wenn ich etwas gesagt habe, habe ich andere so verletzt – also auch meine Eltern – dann habe ich die Wahrheit gesprochen, wie sie kam, und das haben meine Eltern so nicht vertragen – damit habe ich dann alles durcheinander gebracht. Sie wollten das vielleicht auch nicht akzeptieren. Meine Lehrer haben auch mal gesagt: ‚Du musst zum Psychiater.'

Was ich auch hatte, war, dass ich mich auf den Boden geschmissen und geschrien habe. Ich habe auch, wenn es mir zu viel wurde, von meinen Mitschülern mitgekriegt ‚Oh, jetzt hat sie wieder ihre spinnerten fünf Minuten.' Das heißt, ich musste mich abartig abreagieren mit unheimlich vielen kurzen und schnellen Bewegungen. Und das Interessante war daran, dass die Mitschüler es akzeptiert haben. Das die das so abgetan haben mit Sätzen wie: ‚Jetzt hat sie es halt wieder, gleich ist es wieder gut.'

Als ich 14 oder 15 Jahre alt war, habe ich einige Aktionen gemacht, durch die meine Lehrer aufmerksam wurden und mit meiner Mutter gesprochen haben. Meine Mutter hat es aber immer abgetan. Und sie hat auch mich immer so abgetan, mit so einer abfälligen Handbewegung. Und die Lehrer haben dann gesagt: ‚Ja, irgendwie, mit ihrer Tochter …' Sie haben meiner Mutter sogar vorgeschlagen, dass ich zum Psychologen gehen sollte. Meine Mutter wollte das aber nicht. Also, sie hat es abgeblockt und gemeint, das bräuchte ich nicht. Mit mir darüber geredet hat aber niemand. Ich wusste es nicht, das hat sie mir erst später erzählt. Ich wollte dann irgendwann keinen Kontakt mehr zu meiner Mutter haben …"

U.B.: „Gab es denn andere Menschen, die Ihnen geholfen haben?"
Susanne N.: „Also, ich hatte einige Lehrer, die konnten überhaupt nicht mit mir. Es wurden an alle Gummibärchen ausgeteilt, nur nicht an mich. Man hat mir ganz klar gezeigt: ‚Du bist nicht lieb genug, dich möchte ich hier nicht.' Das war in der Grundschule, das war extrem schlimm. Diese Lehrerin hatte ich vier Jahre. Dagegen mochten mich die Schüler sehr, die Jungen. Mit den Mädchen hatte ich so meine zwei, drei Freundinnen, meistens eine ganz feste. Und dann hatte ich immer wieder Glück, dass es Menschen gab, die mich mochten. Warum auch immer. Denen würde ich heute gerne noch mal allen mein Dankeschön aussprechen, die waren Halt gebend, wie wenn man einen Berg raufklettert. Du hast nur ein paar Halterungen, wo sind die wohl – und da gab es fünf oder sechs, bis ich 18 Jahre alt war. Die waren wichtig, überlebenswichtig.

Da war eine gute Freundin von meiner Mutter. Also, ich musste vom Gymnasium wieder runter zur Hauptschule, weil ich in der Schule Magenkrämpfe hatte und alles ganz fürchterlich war. Ich konnte diesem Druck gar nicht standhalten. Dann hat sie gesagt: ‚Du musst das Mädchen wieder aufs Gymnasium geben. Die ist doch nicht dumm.' Meine Mutter hat sich nicht gerührt und dann ist die Freundin mit meinem Zeugnis ins Gymnasium gefahren mit ihrem Moped, fünf Kilometer weit weg im nächsten Ort, und hat am letzten Schultag denen mein Zeugnis unter die Nase gehalten und dann war ich wieder auf dem Gymnasium. Das habe ich ihr zu verdanken.

Dann hatte ich den Vater meiner besten Freundin, der ist leider ziemlich schnell gestorben. Mit dem hatte ich nicht viele Gespräche, aber allein, wie er mich angeguckt hat, so liebevoll und so verständnisvoll ... Er hat nur wenige Worte mit mir gesprochen. Die Mutter meiner Freundin hat gedacht, ich bin völlig bekloppt, so etwas habe ich eben auch gespürt. Doch der hat ein Wohlwollen für mich gehabt, in den wenigen Gesprächen, die ich mit ihm hatte, die haben mir eben auch geholfen. Und dann gab es ab und an mal einen Lehrer, aber wenige. Wir hatten immer Deutsch in der ersten Schulstunde und ich kam eigentlich immer zu spät. Ich weiß nicht, warum ich immer bei ihm zu spät kam, aber es war so und ich musste mir immer was einfallen lassen. Ich habe mir einmal Fahrradschmiere ins Gesicht gemacht und gesagt, dass meine Kette abgefallen ist. Dann kam ich in die Klasse und der sah mich mit der Schmiere im Gesicht und er schrie: ‚Raus! Waschen!'. Und solche Sachen."

Das Schlimme war eigentlich, dass meine Eltern so mit sich beschäftigt waren, dass sie mich nicht sehen konnten ..."

U.B.: „Sie waren sehr einsam!?"
Susanne N.: „Es war für mich normal. Ich kannte es ja vom Säuglingsalter nicht anders, ich kannte nichts. Ich habe lange nicht gewusst, wie es ist, wenn man gestreichelt wird, weil ich nur kannte, wenn man an mir rumfummelt."

U.B.: „Hat Ihnen irgendjemand gesagt, Sie hätten ADHS?"
Susanne N.: „Früher war das eigentlich so, dass es hieß, man müsse zum Psychiater. ADS gab es nicht, Hyperaktivität habe ich erst später kennen gelernt, als ich meine Ausbildung gemacht habe. Zum mir persönlich hat man gesagt, ich würde spinnen. Die große motorische Unruhe, die stand auch in den Zeugnissen. Am allerschlimmsten war, dass ich mich lange sexuell nicht entwickeln konnte. Ich gucke mir oft Jugendliche an, die so locker miteinander umgehen, die sich umarmen, küssen hier und da, das habe ich komplett abgelehnt. Ich habe es abgelehnt. Es war für mich sehr schwer, in der Pubertät zu sehen, wenn mich Jungens mochten. Die habe ich verachtet, weggestoßen, mit denen konnte ich nicht reden, ich wurde wahnsinnig zappelig. Ich konnte mich nicht annähern, weil ich immer gedacht habe, dass er mich dann so sehen würde, wie ich wirklich bin und ich bin schlecht. Ich bin nichts. Ich habe dann lieber denjenigen verstoßen und mich nicht geöffnet. Außerdem hätte das die Spannung erhöht. Streicheln kannte ich nicht. Wie Liebhaben geht, wusste ich nicht.

Der erste Mann hat Zugang zu mir bekommen, indem er mir drei Wochen lang zugehört hat. Nur zugehört. Und da konnte ich mich dann irgendwann öffnen. Ein bisschen zumindest, das Zuhören hat geholfen. Wenn ich jetzt überlege, was mir geholfen hat, dann dieses Zuhören, wenn sich jemand für mich interessiert, mich ernst nimmt. Das hilft eigentlich. Mittlerweile habe ich auch ein bisschen gelernt, mich selbst zu mögen. Das heißt, ich bin nicht mehr so abhängig. Das ist ja wie eine Abhängigkeit. Du brauchst ja irgendwen, wenn du dich nicht magst, dann brauchst du das ja wie andere etwas zu essen oder so. Es ist schon eine Form von Abhängigkeit."

U.B.: „Sie waren sehr beunruhigt, sehr allein und hatten eine große Sehnsucht."
Susanne N.: „Ja. Das mit der Hyperaktivität und der ganzen Unruhe, also dem ADS oder ADHS, wie man heute sagt, das war alles nur eine Folge. Es passiert schon ganz früh etwas mit dem Kind, glaube ich. Irgendwas, was die in Unruhe versetzt und dazu bringt, ihre Antennen auszufahren. Ich hab meine Antennen gebraucht. Wenn ich die nicht gehabt hätte, würde ich nicht mehr leben. Diese Antennen waren nötig, um nichts zu verpassen, weil, es konnte ja immer etwas geschehen, was überlebenswichtig ist, was ganz ganz existenziell wichtig für mich ist, und das darf nicht verpasst werden, dafür musste ich immer wach sein, deswegen muss der Radar immer laufen. Ich war für alles total sensibel, nur nicht dafür, wenn man mich verletzt hat. Das war normal, das war selbstverständlich."

U.B.: „Was wünschen Sie nach den Erfahrungen Ihres Lebens den Kindern, die mit dem ADHS diagnostiziert werden?"
Susanne N.: „Also, wenn der Radar wichtig ist zum Überleben und er sich immer drehen muss und du gibst ein Medikament, das diesen Radar stoppt oder auf gewisse Impulse dich nur reagieren lässt, dann nimmst du einen wesentlichen Teil dieses Lebewesens weg. Dann hast du nur noch die Hälfte, nicht mehr den vollständigen Menschen. Es geht nicht darum, den Menschen nicht vollständig zu haben, sondern es geht ja darum, den ganzen Menschen zu haben, in seiner Ganzheit so zu sehen, wie er ist. Nicht einfach etwas ‚tot zu machen'. Der Mensch weiß sowieso, was tot in ihm ist oder wäre. Er weiß es. Den Kindern wird es nur nicht bewusst.

Du musst mit Menschen zusammen sein, die das verstehen, die nicht wieder draufschlagen in irgendeiner Form, die sagen:

‚Du hast ja völlig einen an der Waffel.' Ja. Du musst Leute haben, die das nachvollziehen können. Verständnis haben, zuhören können und so. Das ist das Einzige, was man tun kann. Das Wesentliche ist, dass es Menschen gibt, die mir trauen, die mir zuhören, die mich nicht für verrückt erklären und das, was ich sage, abwerten ...

Ich hab gelesen, Kinder mit ADS brauchen ‚emotionale Abstinenz', damit sie sich nicht aufregen. Das ist Unsinn. Emotionale Abstinenz, das macht die Kinder doch gerade krank, das treibt sie in die Verzweiflung. Es geht nicht darum, ob sich Eltern erregen oder nicht, ob Eltern Gefühle zeigen oder nicht, und es geht nicht darum, ob es viel ist oder wenig, sondern es geht darum, ob das positiv wirkt oder negativ. Das Wesentliche ist, dass Kinder nicht fertig gemacht werden, dass sie nicht in die Leere gehen und dass sie nicht mit negativen Sachen überschüttet werden. Das Wesentliche ist, dass sie positive Rückmeldungen bekommen, dass sie geschätzt und ernst genommen werden."

U.B.: „Was hilft Ihnen heute am meisten?"
Susanne N.: „Wenn ich Mist gebaut habe oder wenn ich nicht mehr weiter weiß, wenn ich in alte Reaktionen zurückfalle, dann sage ich mir: Jeder Tag, der beginnt, ist ein neuer Tag. Jeder Tag, der beginnt, ist eine neue Chance, anders zu leben. Jeder neue Tag gibt mir die Möglichkeit, es neu zu versuchen."

Kommentar:

Plastisch beleuchtet Susanne N. zwei Seiten ihres „hyperaktiven" Lebensweges: die leidvolle und äußerst belastende, aber auch die rettende, „die neue Chance", die täglich möglich wird. Wie so oft in der Arbeit mit so genannten hyperaktiven Menschen begegnet uns im Außen frühkindlich erlebte Hochspannung als chronifizierter allgegenwärtiger Leibaspekt, der sich tief, bis in das sexuelle Erleben und Empfinden hinein, gegraben hat. Susanne N. findet Bewältigungsstrategien (sog. Copingstrategien), die ihr Leben erträglicher machen. Mit Tanz, Musik und Sport kann sie ihrer Hochspannung, der drängenden „mundtot machenden Wahrheit" andere Ausgänge verschaffen als über „die spinnerten fünf Minuten" ihrer Jugendzeit. Verständnisvolle Menschen, wie etwa die Freundin der Mutter, die sich für Susanne N. pragmatisch einsetzt, wirken wie Rettungsanker in einer herzlos anmutenden, achtlosen und nicht greifbaren familiären Umgebung, in der die Realitätsvernebelung zur unverzichtbaren Mitgliedskarte wird („... dann habe ich die Wahrheit gesprochen, wie sie kam ... – damit habe ich dann alles durcheinander gebracht.") Susanne N. „muss zum Psychiater", wenn sie benennt. Susanne N. bringt durcheinander, Susanne N. ist falsch!

Häufig erleben sich erwachsene Menschen, die als Kinder derartig entwertet wurden, in Partnerschaften als stark abhängig. Dass die Sehnsucht, von einem Menschen verstanden, gehört und gesehen zu werden, bei Menschen mit „ADS/ADHS" sehr groß werden kann, wirkt auf dem Boden von Susanne N.s Geschichte nur allzu verständlich. Aus Kindern und Jugendlichen, die nicht frühzeitig Anbindung und Wertschätzung erfahren, nicht einmal in einer Therapie („Meine Mutter wollte das aber nicht."), werden leicht abhängige erwachsene Suchende. „Wenn ich jetzt überlege, was mir geholfen hat, dann dieses Zuhören, wenn sich jemand für mich interessiert, mich ernst nimmt ... Das ist ja wie eine Abhängigkeit. Du brauchst ja irgendwann, wenn du dich nicht magst, dann brauchst du das ja wie andere etwas zu essen oder so."

In ihren engagierten Aussagen zu dem, was Kinder mit „ADS/ADHS" brauchen, lässt Susanne N. deutlich werden, wie wesentlich ihr Resonanzerfahrungen sind, wie krankmachend sie emotionale Abstinenz erlebt hat – eine Mangelerfahrung, die sich gerade im therapeutischen Kontext nicht wiederholen darf.

W.B.-G.

Robert F. (22 J.) erzählt: „Die Pillen haben meine Gefühle gestohlen!“

U.B.: „Danke, dass Sie bereit sind, von Ihren Erfahrungen mit ADS oder ADHS zu erzählen. Fangen Sie einfach irgendwo an.“
Robert F.: „Ich bin 22 und nehme seit drei Jahren kein Ritalin® mehr. Ich studiere jetzt Ingenieurwissenschaften. Angefangen hat alles, als ich 11 war. Meine Mutter war bei der Lehrerin in der Gesamtschule und die hat gesagt, dass mit mir etwas nicht stimmt. Ich war dann bei einer Beratungsstelle und die haben einen Test mit mir gemacht. Ich musste Fragen beantworten. Dann haben die gesagt, dass ich ADS habe, ich weiß nicht mehr, ob das damals schon so hieß oder erst später. Jedenfalls ging dann meine Mutter zum Arzt und hat Tabletten bekommen, die ich dann jeden Tag genommen habe.

U.B.: „Haben Sie eine Vermutung oder wissen Sie, wie das angefangen hat?“
Robert F.: „Warum das so war, weiß ich nicht. Ich glaube, das hing damit zusammen, dass ich mit dem Wechsel von der Grundschule nicht so gut klar kam. Da war noch alles in Ordnung, ich hatte Freunde und so. Ich bin dann auf die Gesamtschule gegangen, mein bester Freund aufs Gymnasium, zwei andere Kumpels auf die Realschule. Danach war ich wohl nicht so gut drauf, aber was da so schlimm gewesen sein soll, weiß ich nicht.“

U.B.: „Wie haben Ihre Eltern und die anderen Menschen auf die Diagnose reagiert?“
Robert F.: „Mein Vater war damals in Oman auf Montage und hat nichts mitbekommen. Der war eh kaum da. Meine Mutter war

natürlich total aufgeregt, als sie das von der Lehrerin gehört hat. Mit den Pillen, da war sie erleichtert, da konnte sie etwas tun und hat mich jeden Tag kontrolliert, ob ich die nehme."

U.B.: „Was hat Ritalin® bei Ihnen verändert?"
Robert F.: „Mit den Pillen hat sich erstmal nichts groß geändert für mich. Ich habe dann auch wieder Freunde gefunden, aber das war erst so ein oder zwei Jahre später. Ob das nun an den Pillen liegt oder ob das auch so gekommen wäre, weiß ich nicht. Durch die Schule bin ich ganz gut gekommen, ich hatte eigentlich immer gute Noten."

U.B.: „Wie ging es dann weiter?"
Robert F.: „Als die Schule zu Ende war, wusste ich nicht, was ich machen sollte, aber das ging ja vielen so. Ich wollte erst Jura studieren und Staatsanwalt werden, die fand ich immer gut im Fernsehen, aber dann hat mir jemand gesagt, dass ich da vielleicht Schwierigkeiten bekomme, in den Staatsdienst zu gehen, wenn ich so lange Medikamente genommen habe und vielleicht in meiner Krankenakte steht, dass ich psychisch krank bin oder war – ich weiß ja nicht. Ich habe dann ein Jahr herumgehangen und war so ganz komisch drauf. Mit meiner Freundin bekam ich immer wieder Krach, ich wusste gar nicht wieso. Sie meinte, an mich käme man nicht ran, und da war ja auch was dran. Meine Freundin war, wenn Gefühle eine Skala von eins bis zehn haben, immer bei acht oder neun. Vielleicht habe ich mir ja extra so jemanden gesucht. Ich hing mit den Gefühlen immer bei eins bis zwei herum. Und dann habe ich mir gedacht: Die Pillen haben meine Gefühle gestohlen. Seitdem nehme ich nichts mehr."

U.B.: „Was hat sich dadurch verändert?"
Robert F.: „Ich habe jetzt eine andere Freundin und da geht es besser. Mit meinen Gefühlen bin ich immer noch eher auf Sparflamme. Aber ich versuche schon mal eher mitzubekommen und auch schon mal darüber zu reden, wenn mich etwas ärgert oder wenn ich Angst habe oder so.

Ich will jetzt Ingenieur werden und spezialisier mich darauf, Brücken zu planen und zu bauen."

U.B.: „Was können Sie sonst noch aus Ihrem Leben erzählen? Von Ihrer inneren Welt?"
Robert F.: „Mehr kann ich nicht erzählen. So richtige Innenwelten, nach denen Sie fragen, habe ich nicht. Oder nicht mehr."

Kommentar:

Brücken möchte Robert F. in seinem beruflichen Leben planen und bauen. Die Brücke zu seinem Inneren scheint eingestürzt. Der Verlust von stabilen Beziehungen in der Grundschulzeit und ein unerreichbarer Vater ebnen den Weg in die unerreichbare Verlorenheit, die Robert F. erst bemerkt, indem es mit seiner ersten Freundin „kracht". Die Sprachlosigkeit über das sie selbst Betreffende ist häufig unter „ADS"-betroffenen Menschen anzutreffen, die lediglich mit Medikamenten beruhigt, aber nicht therapeutisch Anbindung fanden, sind sie doch an Kontakt auf „Sparflamme" gewohnt, haben sich in der Verlorenheit mit sich eingerichtet.

Ein Interview, das mich resignativ stimmt.

Dass Robert seine Gefühle auf einer Skala zuordnen kann, schimmert als Hoffnungsfunke – die Brücke zu seinen Innenwelten scheint immerhin auf dem privat kaum genutzten Entwurfbrett grob angedeutet.

W.B.-G.

Sven A. (26 J.) erzählt: „Da weiß ich, woran ich bin."

U.B.: „Sie haben sich bereit erklärt zu erzählen, wie es Ihnen als so genanntes ‚ADS-Kind' ergangen ist. Danke. Wie ging es los? Fangen Sie einfach irgendwo an."
Sven A.: „Meine Eltern haben sich eigentlich sehr lieb gehabt, ein Herz und eine Seele sozusagen. Nur manchmal flogen die Fetzen. Und wie. Meistens fing meine Mutter an, die piesackte meinen Vater mit spitzen Bemerkungen und konnte damit nicht aufhören, bis der irgendwann explodierte. Ich will ihn ja nicht verteidigen. So wie der explodierte, war das weiß Gott nicht schön. Der wurde dann richtig jähzornig und schmiss schon mal den Schrank um. Ich bin dann immer unters Bett gekrochen. Ich glaube, ich habe den Atem angehalten, damit mich ja alle übersehen und ich hab' richtig gezittert.

Ich bin dann solange unter dem Bett liegen geblieben, bis mich jemand geholt hat. Das dauerte schon mal einen Tag und manchmal sogar noch die ganze Nacht. Einmal blieb ich zwei Tage unterm Bett. Da bin ich dann rausgekommen, weil ich Hunger hatte und weil ich mir schon die Hose nass gemacht hatte. Aber sonst bin ich liegen geblieben."

U.B.: „Wie haben Sie sich dabei gefühlt?"
Sven A.: „Irgendwo wollte ich verschwinden, weil ich mir ja auch sicher war, dass ich daran Schuld war, dass meine Eltern sich so sehr in die Haare bekommen hatten. Irgendwas fand meine Mutter ja immer, was ich falsch gemacht hatte und dann hieß es: ‚D e i n Sohn hat mal wieder …'"

U.B.: „Hat Ihnen jemand geholfen?"
Sven A.: „Nein, geholfen hat mir niemand. Mein Bruder ist fünf Jahre jünger. Der war so klein, auf den musste ich aufpassen und das habe ich auch gemacht. Dem habe ich geholfen, aber er mir nicht, das ging ja auch nicht.

Meine Eltern haben sich dann oft entschuldigt, dass sie so laut waren und mir Angst gemacht haben. Das war ja auch o.k., aber das half nicht viel, denn es konnte ja jederzeit wieder losgehen, das wusste ich ja."

U.B.: „Hat denn die Schreierei der Eltern niemand mitbekommen? Oder hat die Familie ganz allein gelebt?"
Sven A.: „Einmal konnte ich nicht unters Bett, weil die vor der Tür zu meinem Zimmer standen. Da bin ich leise aus der Wohnung und zu der Frau S. Die wohnte eine Etage tiefer und bekam immer mit, was bei uns los war. Sie machte mir einen Kakao und sagte: ‚Na, habt ihr wieder Krieg da oben? Komm mal her, ich mach dir was.' Und ein Nutellabrot gab es. Das weiß ich noch und das werde ich nie vergessen. Aber danach gab es Palaver. Da waren sich die beiden total einig, ich durfte nicht zu anderen, nie, nie, nie. Das musste in der Familie bleiben!"

U.B.: „Waren Ihre Eltern immer so oder haben Sie auch andere Erfahrungen mit ihnen?"
Sven A.: „Warum meine Eltern so waren, weiß ich nicht. Ich denke jetzt, dass meine Mutter zu viel allein war. Als wir noch in Berlin lebten, bevor mein Bruder geboren wurde, war sie dort wohl eine erfolgreiche Journalistin. Aber hier im Ruhrgebiet hatte sie dann keine Kontakte mehr und mit mir am Hals ging das auch schlecht."

U.B.: „Viele Kinder, denen es so ähnlich ging wie Ihnen, werden sehr empfindsam, entwickeln starke Antennen. Wie war das bei Ihnen?"
Sven A.: „Ich wusste immer, dass was anstand, weil dann veränderte sich die Luft. Es wurde so klirrend und so kalt und ich merkte eine Anspannung und bekam manchmal richtige Gänsehaut."

U.B.: „Wie kam es dann zum Thema ADS oder ADHS?"
Sven A.: „In der Schule war es sofort schwierig. Ich war ja nicht im Kindergarten gewesen. Die hatten keinen Platz bekommen nach dem Umzug und als sie dann endlich einen hatten, bin ich so ausgeklinkt, weil ich da nicht hinwollte, dass die es aufgegeben haben. Und in der Schule war ich dann viel allein. Ich bin dann so etwas wie der Klassenclown geworden, habe viel Quatsch gemacht und dann im Mittelpunkt gestanden. Die Lehrer fanden das nicht so toll, aber das war mir egal. So richtig schlimm wurde es in der vierten Klasse. Da habe ich so oft das Gefühl gehabt, als würde ich explodieren, und wusste nicht, wohin mit mir. Einmal bin ich tagelang nicht zur Schule gegangen. Da hatte ich Geld geklaut und mir Stifte und einen Block gekauft und bin immer in den Park und habe gemalt und gemalt und gemalt. Das hat mir dann später auch geholfen, das Malen und die Comics. Ich habe dann auch Comics gezeichnet, seitenlang, tagelang, manchmal nächtelang, wenn ich nicht schlafen konnte. Heimlich mit der Taschenlampe unter der Bettdecke.

Mein Vater ist ja dann abgehauen und ich weiß bis heute nicht, wo er ist. Danach war es ganz schlimm. Ich bin dann in der Schule oft ausgeklinkt und weggelaufen, habe richtig Scheiße gebaut, Feuerchen gemacht und so. Dann war ich wieder ein paar Wochen lang nur am Dösen, war ein Träumer, habe in meinen

Comics gelebt und vom Rest nichts mitbekommen. Ich wusste ja, dass ich nicht richtig im Kopf war. Als mir das der Typ vom schulpsychologischen Dienst sagte, war das nichts Neues. Das war mir ja schon lange klar. Ich hab dann ein Medikament bekommen, so ein Jahr lang. Aber das hat nichts geändert, außer dass mir davon übel wurde. Mir war das ganze Jahr übel, schrecklich, aber mir hat ja keiner geglaubt, ich war ja bekloppt. Dann meinte ein Arzt, ich hätt' wohl dagegen ne Allergie. Ich war auf so viel allergisch, dass ich gar nicht mehr weiß, auf was alles. Dann war ich bei so ner Therapeutin, die hat mit mir und meiner Mutter abgesprochen, dass ich immer, wenn ich alles richtig mache, einen roten Punkt kriege, und für die Hausaufgaben auch, und wenn ich zehn rote Punkte habe, dass es dann eine Belohnung gibt, einen Comic, ein Eis oder sonst was. Aber mit so einem blöden Kinderkram konnten die mich nicht kriegen, das Geld habe ich aus dem Portemonee meiner Mutter geklaut und mir die Comics selber gekauft. Dann haben die es aufgegeben."

U.B.: „Wie hat sich das alles auf die Schule ausgewirkt?"
Sven A.: „Wieso ich das Fachabitur geschafft habe, ist mir immer noch ein Rätsel. Ich habe nichts für die Schule getan, fast nichts. Aber irgendwie hat es immer gereicht. Ich habe mich so durchgemogelt. Meistens hat mich die Schule regelrecht gelangweilt. Ich habe alles, glaube ich, schnell verstanden und dann haben die es immer noch 1000-mal durchgekaut, da hab ich abgeschaltet oder Comics gezeichnet oder mir ausgedacht. Dann habe ich mir das vor einer Klassenarbeit noch mal kurz angeguckt und das war's dann.

Ein Jahr habe ich wiederholt, aber da war der Computer dran schuld. Ich habe gespielt wie ein Bekloppter, tagelang, nächtelang.

Habe die Schule geschwänzt oder bin ohne Schlaf in die Schule gegangen. Das fing erst prima an, aber dann hat es sich verselbstständigt. Früher hab ich in meinen Geschichten gelebt, dann im Computer. Das ist immer noch so. Wenn ich zu aufgeregt bin, spiele ich Computer, das beruhigt mich. Aber ganz lange wurde das dann zu einer Sucht. Ich konnte prima anfangen, aber nicht mehr aufhören. Das ist immer noch so, dass mich das Computerspielen beruhigt. Da tauche ich ein. Das ist besser als schlafen, da gibt es klare Ziele, klare Regeln und da kann man stolz sein, wenn man etwas geschafft hat."

U.B.: „Und wenn man im Computerspiel etwas geschafft hat, sagt einem der Computer, dass man ein toller Kerl ist."
Sven A.: „Genau! Mit 16 bin ich dann zusammengebrochen, Kreislauf und so, und danach wurde ich ruhiger. Da fing das dann auch mit dem Kiffen an, jeden Abend Playstation oder Computer und Kiffen. Wir hingen zu dritt oder zu viert herum.

Das Abi ging dann irgendwie, mit Ach und Krach, aber immerhin, und dann wollte ich natürlich etwas mit Computer machen. Studium habe ich mir nicht zugetraut. Ich habe dann eine Lehre begonnen und nach einem Wechsel auch beendet. Es sollte natürlich was mit Malen sein und auch mit Computer, also bin ich Grafikdesigner geworden. War ganz gut, aber auch langweilig. Übernommen haben sie mich nicht, was anderes gefunden habe ich auch nicht. Habe in der Zeit viel gekifft, bin sehr versackt. Ich hatte zwar Angebote in anderen Städten, aber zum Umziehen konnte ich mich nicht aufschwingen und das war's dann. Dann gab's eine Trainingsmaßnahme vom Arbeitsamt im Garten- und Landschaftsbau und das war gut. Da bin ich hängen geblieben. Jetzt mache ich, auch wenn ich schon 26 bin, eine Lehre in dem Bereich. Wir sind jeden Tag an der frischen Luft, mit den Kumpels komme ich klar, die sagen, was Sache ist. Da weiß ich, woran ich bin. Da brauche ich mich nicht so vorsehen."

Kommentar:

Sven A. sucht: Eltern, Verlässlichkeit, Sicherheit, nutzbare therapeutische Hilfe. Er geht in dieser Suche leer aus. Sven A. baut eine Gegenwelt auf, die ihn aus der realen unberechenbaren und von Jähzorn geprägten Umgebung förmlich wegbeamt, er „verschwindet". Zu unaushaltbar für den hochsensiblen Jungen mit den empfindsamen Antennen („Ich wusste immer, was anstand, dann veränderte sich die Luft.") die daueralarmierende Explosivität seiner Eltern, mit der er allein bleiben, sich verschließen muss („Das musste in der Familie bleiben.").

Sven A. fühlt sich wie viele Kinder schuldig an der familiären Situation. Die ersehnte Gegenwelt bietet keine sichere Zuflucht, die Drogen führen an körperliche Grenzen, nicht einmal der schmerzhafte Zusammenbruch bringt letztlich einen Wendepunkt in die ersehnte Ruhe. Sein selbst definiertes berufliches Ankommen wirkt wie ein Notstopp in einer Zwischenwelt, mit der er sich nüchtern arrangiert – weit entfernt von seinen Fähigkeiten und Lebensträumen.

W. B.-G.

6

Udo Baer, Waltraut Barnowski-Geiser

Fragen und Antworten rund um „ADS/ADHS"

1. Was ist ADS, was ist ADHS?

ADS ist die Abkürzung für Aufmerksamkeitsdefizitsyndrom, also eine Erkrankung vor allem von Kindern und Jugendlichen, deren Kern eine verringerte Fähigkeit zur Aufmerksamkeit sein soll. Das „H" in ADHS steht für Hyperaktivität. Wenn die betreffenden Kinder und Jugendlichen besonders unruhig sind, werden sie als Kinder und Jugendliche bezeichnet, die unter einer ADHS-Störung leiden.

„ADS/ADHS" wird weder durch Röntgen noch durch Blutbilder noch durch sonstige halbwegs objektivierbare Messungen festgestellt, sondern ausschließlich nach Befragungen diagnostiziert, deren Antworten auf subjektiven Einschätzungen beruhen („unruhig – sehr unruhig"). Oft wird „ADS/ADHS" auch nur als Ausschlussdiagnostik festgestellt, indem andere psychische Erkrankungen wie Posttraumatische Belastungsstörung usw. ausgeschlossen werden. Wenn nichts anderes mehr übrig bleibt, dann bleibt angeblich nur noch „ADS/ADHS“. Wir (die Verfasserin und der Verfasser dieses Buches) meinen, solche Art von Diagnosen bieten keine wirkliche Einsicht. Sie können deshalb allenfalls ein Anhaltspunkt sein, um sich mit dem Kind genauer zu beschäftigen.

Dass der Kern des „ADS/ADHS“ in einer Aufmerksamkeitsstörung liegt, ist durch nichts bewiesen. Unsere therapeutischen Erfahrungen zeigen, dass die meisten Kinder und Jugendlichen im Gegensatz zur offiziellen Diagnose über besondere Aufmerksamkeitsfähigkeiten verfügen, allerdings richten sie ihre Aufmerksamkeit auf andere Aspekte als von ihrer Umgebung gewünscht oder wahrgenommen.

Wir meinen, die Diagnose „ADS/ADHS“ ist als Beschreibung eines Krankheitsbildes untauglich.

2. Welche Ursachen hat „ADS/ADHS“?

Dass ein Kind sich aus dem Kontakt mit seiner Umgebung zurückzieht (ADS) oder mit seiner inneren Unruhe und Erregung nicht fertig wird (ADHS), hat, wie die in diesem Buch veröffentlichten Texte zeigen, jeweils unterschiedliche Ursachen. Bei dem einen Kind ist eine Trauer unbewältigt, ein anderes fühlt sich nicht gesehen oder gar missachtet. So vielfältig, wie Kinder und ihre Biografien sind, so unterschiedlich können die Quellen sein, aus denen sich die Kontaktreduzierung oder die Überaktivität eines Kindes speisen. Das Leiden eines jeden Kindes ist konkret und einzigartig. Dem muss Rechnung getragen werden durch eine individuelle therapeutische Diagnostik.

3. Hat „ADS/ADHS“ hirnorganische Ursachen?

Dies wird u. a. behauptet, um damit die Verabreichung von Medikamenten zu begründen. Ein ursächlicher Zusammenhang zwischen hirnorganischen Veränderungen und dem, was als „ADS/ADHS“ bezeichnet wird, ist nicht bewiesen. Dies betonen auch im zunehmenden Maße Hirnforscher/innen und Mediziner/innen. Dass ein Kind, das unter einer starken inneren Unruhe leidet, im Gehirn andere Bilder produziert, als ein Kind, das glücklich ist, ist normal. Jeder Gemütszustand, jede Erregung, jedes Gefühl zeigt bei den heutigen feinen Mess- und Darstellungsmöglichkeiten der Gehirnforscher unterschiedliche Ergebnisse. Doch nur weil Weinen oder Lachen besondere Hirnregionen aktiviert, die sichtbar gemacht werden können, und von besonderen biochemischen Prozessen begleitet wird, käme niemand auf die Idee zu sagen, Weinen oder Lachen hätte hirnorganische Ursachen und müsse durch entsprechende Medikamente gesteuert werden. Der Kenntnisstand moderner Forschung sagt, dass jede Veränderung des Gemüts und des Verhaltens immer auch eine biochemische Veränderung im Gehirn beinhaltet. Daraus eine Ursache für „ADS/ADHS“ abzuleiten, ist abwegig und dient eher Geschäftsinteressen oder einem diagnostischen Erklärungszwang, der bereits sichere Erklärungen vorgibt, wo sie noch nicht vorliegen.

4. Was ist Ritalin®?

Ritalin® ist der Markenname eines Medikaments, das gegen „ADS/ADHS“ verschrieben wird. Sein Wirkstoff ist Methylphenidat. Dieser Wirkstoff ist auch in den Medikamenten Medikinet und Concerta enthalten. Methylphenidat zählt zu den Psychopharmaka der Klasse der Amphetamine. Amphetamine werden als Drogen genutzt und gehandelt. Ritalin® wird von der amerikanischen Drogenbehörde wie Kokain in die Gefahrenklasse II eingestuft.

Gehirnprozesse erfolgen darüber, dass Neurotransmitter Verbindungen zwischen Nervenzellen herstellen und dadurch Aktivitäten anregen. Durch Ritalin® und andere ähnliche Medikamente wird einer dieser Neurotransmitter dem Gehirn zugeführt, so dass das Gehirn diesen weniger oder gar nicht mehr produziert. Dem Gehirn wird dadurch vorgegaukelt, es seien schon mehr Transmitter vorhanden, als gebraucht würden. Dies wirkt bei den meisten Menschen dämpfend. Gedämpft wird aber nicht nur die Unruhe beim Erledigen der Hausaufgaben oder die Aggressivität, in der sich die Erregung des Kindes entlädt, gedämpft wird der gesamte Aktivitätshaushalt im Gehirn des Kindes, also oft auch sein Gefühlsleben, wie manche Stimmen, die auch in diesem Buch zitiert wurden, sagen.

Ritalin® und Medikamente mit gleichem Wirkstoff wirken bei allen Menschen, unabhängig davon, ob sie mit „ADS/ADHS" diagnostiziert worden sind oder nicht. Der Grund liegt darin, dass sie den Neurotransmitterhaushalt eines jeden Menschen beeinflussen. Die Wirkung von Ritalin® kann daher nicht als Argument für spezifische hirnorganische Veränderungen bei Kindern mit „ADS/ADHS" angeführt werden. Prof. Dr. Gerald Hüther und andere Neurowissenschaftler befürchten, dass durch die langfristige Gabe von Ritalin® und Ähnlichem die Fähigkeit eines Menschen beeinträchtigt wird, selbst seine Neurotransmitterproduktion und damit seinen Erregungshaushalt zu steuern.

5. Soll man Ritalin® nun gar nicht nehmen?

Wir sind nicht grundsätzlich gegen die Vergabe von Medikamenten, auch nicht von Ritalin®. Bei manchen Kindern hat sich der Kreislauf von Hyperaktivität, Anecken, Einsamwerden, Sich-falsch-Fühlen, noch hyperaktiver Werden usw. so sehr verfestigt, dass es notwendig ist, hier eine Unterbrechung zu bewirken, um überhaupt therapeutisch arbeiten zu können und dem Kind und seiner Umgebung eine Erholung zu gönnen. Hier kann die Einnahme von Ritalin® für eine begrenzte Zeit sinnvoll sein. Manche Eltern und Kinder haben auch gute Erfahrungen mit homöopathischen Mitteln gemacht.

Grundsätzlich sind wir aber der Meinung, dass zu viel und zu wahllos Ritalin® vergeben wird. Wir sind der Auffassung, dass Ritalin® nur ein letztes Mittel sein darf, also erst eine Therapie versucht werden muss. Wir sind darüber hinaus der Auffassung, dass die Vergabe von Ritalin® nur befristet erfolgen darf und danach ein neuer therapeutischer Versuch gestartet werden muss. Solche Regelungen gibt es in Dänemark und anderen Ländern, wo nur Jugendpsychiater und Jugendpsychologen Ritalin® verschreiben dürfen und dies nur befristet sowie nur, wenn andere Therapien gescheitert sind. In Deutschland gibt es solche Einschränkungen nicht.

6. Welche Therapie ist sinnvoll, wenn mein Kind „ADS/ADHS" hat?

Es gibt vor allem vier Therapieangebote: Verbreitet ist die Verhaltenstherapie, in der versucht wird, Kindern und Jugendlichen aggressive und andere störende Verhaltensweisen durch Systeme von Belohnung und Sanktion abzutrainieren. Dies hilft manchen Kindern, bei anderen Kindern scheitert diese Therapiemethode, weil die Ursachen, die zu einer Hocherregung geführt haben und aus denen sich die Unruhe immer wieder neu speist, dadurch nicht angegangen werden.

Dann gibt es die familientherapeutischen Angebote, in denen davon ausgegangen wird, dass der Rückzug oder die Hyperaktivität eines Kindes oder eines Jugendlichen ein Ausdruck davon ist, dass in dem Familiensystem etwas nicht stimmt und dass Veränderungen dieses Systems bewirkt werden müssen. Auch diese Therapie kann Kindern helfen, stößt aber oft an die Schwierigkeit, dass sie in der Regel eine aktive Mitarbeit aller Beteiligten in einer Familie voraussetzt, was selten gegeben ist. Wird mit dem Kind alleine gearbeitet (was bestimmte Richtungen ebenfalls anbieten), kommt den Kindern der reine Gesprächseinsatz oft wenig entgegen.

Im dritten Angebot, dem psychoanalytischen Ansatz, wird versucht, möglichen Ursachen des Leidens des Kindes auf die Spur zu kommen, indem durch Gespräche frühkindlichen Einflüssen nachgespürt wird. Dies kann hilfreich sein, insbesondere wenn die Beschränkung auf Gespräche durch den Einsatz kreativer Medien unterstützt wird.

Der vierte therapeutische Ansatz fußt auf der Kreativen Leibtherapie, wie sie auch die Autorin und der Autor vertreten. Hier wird einerseits versucht, den Innenwelten der Kinder und Jugendlichen individuell gerecht zu werden, dort anzudocken, um davon ausgehend Veränderungen zu bewirken. Gleichzeitig bietet das Angebot musikalischer, gestalterischer und tänzerischer Ausdrucksmöglichkeiten Wege, dass die Kinder das, was sie innerlich beunruhigt und umtreibt, nach außen bringen können, ohne dass sie anecken. Im Gegenteil: Es werden dabei neue Blickweisen auf die Kinder möglich, manches, was nur als „störend" abgewertet wurde, entpuppt sich als besondere Fähigkeit. Die Kinder können so auch neue Möglichkeiten finden, mit ihrer inneren Unruhe umzugehen, und können in der Beziehung zur Therapeutin bzw. zum Therapeuten neue Arten des Kontaktes ausprobieren.

Manche Eltern haben Angst, dass bei einer Therapie ihres Kindes schlecht über sie geredet wird, und schämen sich, dass ihr Kind „so etwas" braucht. Wir können nur Mut machen: Erstens ist alles, was in einer Therapie geschieht, vertraulich. Zweitens verschwindet in den meisten Fällen das Leiden der Kinder und vieler Eltern nicht von allein, sondern verstärkt sich allenfalls. Warum dann am Leiden und an den Schuldgefühlen festhalten, anstatt etwas Neues zu probieren?

7. Bin ich schuld, dass mein Kind so ist?

Wir haben gute Erfahrungen damit gemacht, die Frage der Schuld zuerst einmal beiseite zu stellen. Wenn wir feststellen, dass Kindern Gewalt angetan wird, dann machen sich diejenigen, die dies tun, schuldig und es muss alles dafür getan werden, dass das abgestellt wird. In fast allen anderen Fällen begegnen wir im Elternhaus Situationen, die irgendwie festgefahren sind. Dieses Festgefahrensein produziert eine hohe Spannung, die das Leiden der Kinder, die zumeist sehr empfindsam sind, erhöht. Schuld erhöht auf allen Seiten die Spannung, ist also eher hinderlich für Veränderungsprozesse.

Doch die Schuldfragen auf Dauer einfach beiseite zu stellen, ist in der Regel nicht möglich. In den Innenwelten der Kinder tobt sie herum, viele Eltern, gerade die gutwilligen, zermartern sich damit den Kopf. Also muss die Frage von Schuld aus dem Tabu, aus dem Geheimbereich heraus und ausgesprochen werden. Oft ist dafür therapeutische Hilfe sinnvoll. Wir haben gute Erfahrungen gemacht, dass Gespräche mit Eltern und Kindern über Schuld für alle überraschende Erkenntnisse hervorbrachten und einen gemeinsamen Boden schaffen konnten, wie es weitergehen sollte.

Solche Prozesse ermöglichen eine Veränderung des Themas von der Frage der Schuld zur Frage der Verantwortung. Für heilende Veränderungen müssen alle Verantwortung übernehmen. Die Kinder, die Eltern, die Geschwister, die Lehrer/innen, die Erzieher/innen, die gesamte Umgebung des Kindes muss Verantwortung dafür übernehmen, dass neue Wege des Lebens und Erlebens ausprobiert werden, damit das Leiden des Kindes, das im sogenannten „ADS/ADHS" zum Ausdruck kommt, gelindert wird und damit auch oft das Leiden der Umgebung.

8. Was kann ich als Vater oder Mutter tun, um meinem Kind zu helfen?

Das Wichtigste, das Sie tun können, besteht darin, den Druck und die Spannung zu reduzieren. Ihren eigenen Druck, die Spannung der Umgebung, den Druck, dem das Kind ausgesetzt ist. Druck und Spannung beunruhigen, lenken ab, machen „rappelig" …

Das zweite Wichtige, das Sie tun können, besteht darin, Ihrem Kind positive Rückmeldungen zu geben, Komplimente zu machen, d.h. ihm zu allem zu gratulieren, wofür es sich irgendwie zu gratulieren lohnt. Sie können mit hoher Wahrscheinlichkeit davon ausgehen, dass Ihr Kind sich für „falsch" hält, für eine Plage, mit der man nicht zurechtkommen kann, für ein Kind, das allen, Geschwistern, Eltern, Freunden, zur Last fällt. Zeigen Sie ihm, dass es nicht so ist, zumindest nicht nur so ist. Haschen Sie nach Gelegenheiten, wo Sie Ihr Kind loben und ihm Komplimente machen, ihm irgendetwas möglichst konkret widerspiegeln können, was es gut kann und was Sie an ihm schätzen. Dies gilt auch für Lehrer/innen und Erzieher/innen.

Drittens braucht Ihr Kind sowohl Sicherheit als auch kreativen Ausdruck. Oft wird unserer Meinung nach von Experten die Sicherheit überbetont. Rituale sind wichtig, klare und verbindliche Rahmenbedingungen sind wichtig, Verträge, Vereinbarungen – selbstverständlich können sie Sicherheit geben. Doch Sie müssen davon ausgehen, wenn Ihr Kind unruhig ist, dass es etwas gibt, was es beunruhigt. Diese Unruhe, diese Erregung tobt in ihm und sie braucht einen Ausdruck, der nicht bestraft wird. Dieser Ausdruck kann sich im freien Musizieren oder im Sport finden. Mit Kindern können Tobezeiten und Tobeorte vereinbart werden, z. B. im Flur in der Schule, in einem bestimmten Teil der Wohnung oder im Garten. Ruhe kann sich erst einstellen, wenn die Unruhe Verständnis und Raum gefunden haben durfte.

Viertens: Versuchen Sie immer wieder, Kontakt zu Ihrem Kind zu bekommen, indem Sie von sich erzählen, Ihre Gefühle mitteilen und sich in Ihr Kind einfühlen. Spielen Sie mit Ihrem Kind, hören Sie ihm ernsthaft zu, lachen Sie, schaffen Sie bewusst alltägliche Spaß- und Friedenszonen, abseits von Umerziehungsversuchen, abseits von Kritteleien.

Fünftens: Viele Erziehende opfern sich für die Kinder auf und werden selbst immer unruhiger, erregter und spannungsvoller. Sie verlieren sich. So verständlich dies ist, so wenig hilft dies den Kindern. Sie als Erziehende müssen für sich sorgen, danach Ausschau halten, was Ihnen gut tut, was Sie selbst zur Ruhe bringt, was Ihre Spannung abbaut und Ähnliches mehr. Wenn Sie dies nicht oder nicht mehr können, kann eine wichtige Hilfe für die Kinder darin bestehen, für Sie selbst therapeutische Hilfe zu suchen.

Sie brauchen außerdem möglichst feste Zeiten, in denen Sie sich ganz dem Kind widmen und mit dem Kind gemeinsam Dinge unternehmen, die beiden gefallen. Und Sie brauchen Zeiten, in denen Sie ohne das Kind das tun, was Sie für sich brauchen, was Ihnen gefällt und gut tut.

Wenn Sie sich hilflos fühlen, suchen Sie Hilfe, auch eine therapeutische, damit Ihre Spannung, Ihre Erregung, Ihr Druck, Ihre Trauer, Ihre Schuldgefühle, Ihre Angst, Ihre Überforderung, Ihre Sehnsucht, Ihre Liebe die Aufmerksamkeit bekommen, die Ihnen zusteht.

Sechstens: Gehen Sie davon aus, dass Ihr Kind wahrscheinlich hoch empfindsam ist und auf Schwingungen, Tabus und Atmosphären reagiert, die andere vielleicht gar nicht wahrnehmen. Wenn Sie sich mit diesem Wissen in das Kind hineinversetzen, werden Sie spüren, was es braucht: Verständnis und gleichzeitig ein klares Gegenüber.

Siebtens: Berühren Sie Ihr Kind. Halten Sie es. Messen Sie Ihre Kräfte mit ihm. Gegen Druck hilft Drücken.

9. Mein Kind hat keinen einzigen Freund, was können wir tun?

Wenn Kinder keine Freunde oder Freundinnen haben, so wird das in der Regel als ein sehr großes Leid erlebt. Oft scheint das sogar schlimmer zu wiegen als eine problematische Situation in der Familie. Unter den Kindern mit „ADS/ADHS" ist es verbreitet, alleine und einsam zu sein oder sich so zu fühlen. Diese Not müssen Eltern und Erziehende sehr ernst nehmen und so früh wie möglich versuchen, Kontaktfäden zu den Kindern und zu möglichen Freunden oder Freundinnen zu spinnen oder wiederaufzunehmen. Besonders oft begegnet uns diese Problematik in schwierigen Übergangssituationen, beim Wechsel vom Kindergarten zur Grundschule, beim Übergang von der Grundschule zur weiterführenden Schule, bei Klassenwechseln und Umzügen. Der Verlust einer stabilen sozialen Gemeinschaft stellt gerade für ein hyperaktives oder verstummtes Kind eine extreme Belastung dar. Jetzt brauchen Kinder offene Ohren, Verständnis und Trost, keinesfalls weitere Entwertungen („Du bist aber auch schlimm!") und Schuldzuschreibungen, die wir von Eltern in der Praxis oft hören. Sind die Rückmeldungen zur geschilderten Not verletzend und beschämend, mögen die Kinder in der Regel nicht mehr über ihre Not sprechen.

Oft bewegt sich schon viel dadurch, dass das Problem des Alleinseins oder Alleinfühlens endlich einmal ausgesprochen wird, dass es beweint und betrauert werden kann. Kinder entwickeln eine „Keiner will mich"– oder „Alle Jungen hassen mich eh"– Einstellung, die ausgesprochen, überprüft und differenziert werden muss. „Welches Kind aus der Klasse hättest du gerne als deinen

Freund oder deine Freundin?", „Mit wem möchtest du es denn noch mal versuchen?", können hilfreiche Fragen sein, um die Kontaktversuche zu ermutigen und zu konkretisieren. Hier können Eltern unterstützen, indem sie das Zustandekommen von Einladungen begleiten oder unbequeme Fahrdienste übernehmen etc., also indem sie mit aktiv werden, aus der Isolation zu gelangen. Auch familiäre Aktivitäten können ein Weg sein. Sportvereine gelten als guter Ort für Sozialkontakte, dem stimmen wir zu, oftmals sind aber gerade hyperaktive Kinder mit einer weiteren sozialen Verpflichtung überfordert.

Wenn alle Anstrengungen, Freunde oder Freundinnen zu finden, erfolglos bleiben, ist dringend Therapie angezeigt, und zwar schnell. Je länger das Kind in der von ihm selbst (und vielleicht ja auch von anderen) empfundenen Außenseiterrolle verbleibt, umso mehr verfestigt sie sich. Sie wird zum Stigma, zum Makel. Eltern, Lehrerinnen oder Lehrer und Erzieherinnen oder Erzieher sollten das Gespräch suchen. Hier kann gemeinsam überlegt werden, welche Hilfesysteme konkret zur Verfügung stehen. Oft sind gruppentherapeutische Angebote die passenden, können sich doch hier Kinder mit der gleichen Problematik treffen, austauschen, spielen, verstehen – und, endlich oder manchmal zum ersten Mal, Freunde oder Freundinnen finden.

10. Mein Kind kommt in die Schule, was nun?

Während Familien sich im Kindergartenalter mit dem „ADS/ADHS"-Problem oft irgendwie noch so „durchschlagen", gibt es eine starke Zuspitzung der Problematik, wenn das Kind in die Schule kommt. Nun sagen plötzlich andere, dass mit dem Kind etwas nicht stimme, dass es anders sei, wilder, unruhiger, vielleicht nicht schulfähig. Das Kind braucht nun besonders viel Unterstützung, gerade von Eltern und Lehrer/innen.

Ist den Eltern bereits bekannt, dass das Kind an „ADS/ADHS" leidet, so sollte bereits im Vorfeld ein Gespräch darüber mit der Schulleitung stattfinden. Spielen Sie mit „offenen Karten", damit Lehrerinnen und Lehrer entsprechend auf Ihr Kind eingehen können. Dies kann das Zusammenleben in der Schule erleichtern. Gerade auch, wenn Kinder eine weiterführende Schule besuchen sollen, haben Eltern Wahlmöglichkeiten. Schauen Sie sich die Schule genau an und entscheiden Sie kritisch als Anwalt ihres Kindes:

- Empfinden Sie ein gutes Klima, eine gute Arbeitsatmosphäre?
- Fühlen Sie und Ihr Kind sich hier wohl?
- Ist die Schule kindgerecht und mit „Liebe" gestaltet?
- Gibt es Tobe- und Spielzonen, Sport- und Rückzugsmöglichkeiten?
- Gibt es kreative Angebote unter fachkundiger Anleitung?
- Gibt es schulische Beratung, Therapie oder Fördermöglichkeiten für hyperaktive oder verstummte Kinder?
- Gibt es an der Schule Lehrerinnen oder Lehrer, Beratungslehrerinnen oder -lehrer, Sozialpädagoginnen oder -pädagogen, die sich in diesem Bereich fortgebildet haben und Ihrem Kind zur Seite stehen werden?
- Fühlen Sie sich von der Schulleitung als Eltern eines Kindes mit „ADS/ADHS" ernst genommen und verstanden?

Jahrelanges Aushalten in einem unpassenden Schulumfeld kann zur Qual werden, für alle Beteiligten. Stellen Sie vielleicht auch unbequem erscheinende Fragen. Nehmen Sie sich und Ihr Kind ernst.

Wir wissen: Würde heilt, Entwürdigung kränkt und macht krank.
Kranke Menschen brauchen Würdigung und Würde.

Aufruf zur Unterstützung der „Stiftung Würde"

Wir träumen davon, dass Kinder, die verstummt sind, musizierend Klänge dafür finden, was für sie unsagbar bleibt.
Wir träumen davon, dass altersverwirrte Menschen, deren Seele sich in Dunkel verhüllt, respektiert und mit Hilfe kreativer Therapien erreicht werden können.
Wir träumen davon, dass in der Hilfe für Menschen mit chronischen Schmerzen nicht die Schmerzen in „körperliche" und „seelische" aufgespalten, sondern in ihrem ganzheitlichen Erleben gewürdigt werden.
Wir träumen davon, dass unruhige Kinder nicht medikamentös ruhiggestellt werden, sondern in der Therapie gewürdigt wird, was sie beunruhigt.
Wir träumen davon, dass Opfer sexueller und anderer Gewalt nicht übersehen und gedemütigt werden, sondern dass sie geachtet, unterstützt und geschützt werden.
Wir träumen davon, dass kranke, verletzte und geschundene Menschen in ihrer Not und Hilfsbedürftigkeit unterstützt werden, dass aber auch ihre Ressourcen, ihre Kreativität und Lebendigkeit geachtet wird.
Wir träumen von Würde, auch und gerade in der Therapie.

Die Würde vieler Menschen, die Hilfe in einer Therapie suchen, ist beschädigt. Die Würde vieler Menschen wird allzu oft auch in therapeutischen Beziehungen verletzt oder ignoriert, in psychotherapeutischen Praxen, in Altenheimen, in Kliniken und anderswo. Dies geschieht durch Gewalt und Missbrauch, häufiger aber noch durch stille Gewalt, Ignoranz und Überheblichkeit, Kälte und Verweigerung lebendigen Kontakts.

Dem gilt es, eine therapeutische Haltung und therapeutische Methoden entgegenzusetzen, die die Würde der KlientInnen achten. Dies erfordert vor allem,

- dass ihre Würde zum Thema gemacht wird,
- dass ihre Kompetenzen geachtet werden,
- dass ihre Grenzen respektiert werden,
- dass ihre Kreativität, ihre Lebendigkeit, ihre Ressourcen gefördert werden,
- dass sie ernst genommen werden und aufrichtige Echos auf ihre Fragen und Wünsche erhalten,
- dass TherapeutInnen um ihre Macht wissen und durch Eigentherapie und Supervision einem Missbrauch dieser Macht entgegenwirken.

Eine an Würde orientierte Therapie braucht Forschung, die untersucht, welche Methoden, die die Lebendigkeit und Kreativität der Erkrankten unterstützen und fördern, sich bewähren.

Eine an Würde orientierte Therapie braucht modellhafte Praxisprojekte, in denen mit SchmerzpatientInnen, hyperaktiven Kindern, Demenzkranken und anderen neue Wege würdigender Begleitung und Therapie erprobt werden.

Eine an Würde orientierte Therapie braucht Verbreitung in Kongressen, Publikationen usw. All das kostet Geld. Um Mittel für solche Aktivitäten unabhängig von staatlichen Zuschüssen und dauerhaft aufzubringen, rufen wir dazu auf, die Gründung einer „Stiftung Würde" zu unterstützen.

Wenn Sie für die Errichtung der Stiftung spenden,
- erhalten Sie eine Stiftungsurkunde,
- können Sie den Spendenbeitrag steuerlich absetzen,
- werden Sie jährlich über die Aktivitäten der Stiftung informiert,
- fördern Sie jahre-, ja jahrzehntelang die Erforschung und Verbreitung von an Würde orientierter Therapie
- leisten Sie einen Beitrag dafür, irgendwann, wenn dies für Sie selbst oder Ihre Lieben nötig ist, an Würde orientierte Therapeutinnen und Therapeuten zu finden.

Stiftung Würde
Kto.Nr. 838 79 00
BLZ: 370 205 00
Bank für Sozialwirtschaft Essen

Alle Informationen erhalten Sie auch im Internet:
www.stiftung-wuerde.de.